Ebersdorf während des Durchzugs der französischen Hauptarmee unter Napoleon im Oktober 1806

Ein Bericht von Johann Heinrich Andresen

zusammengestellt, bearbeitet und herausgegeben
von

Heinz-Dieter Fiedler

© 2016 Heinz-Dieter Fiedler
Herstellung und Verlag: BoD – Books on Demand, Norderstedt.
ISBN: 9783837050479

Einführung

Die Begebenheiten während des Durchzugs der französischen Hauptarmee unter Napoleon durch Ebersdorf im Oktober 1806 haben bei den Bewohnern des Ortes einen tiefen Eindruck hinterlassen und wurden von verschiedenen Augenzeugen in mehreren Berichten schriftlich festgehalten. Der nachfolgende Bericht ist der ausführlichste und persönlichste unter diesen. Er wurde als Brief geschrieben. Verfasser ist Johann Heinrich Andresen, damals Vorsteher der Brüdergemeine Ebersdorf. Empfänger sind die „Geschwister Richters"[1] in Herrnhut. Br. Richter war von 1798 bis 1801 als Gemeinhelfer in Ebersdorf und ist der Schwager von Br. Andresen (Schw. Andresen und Schw. Richter sind leibliche Schwestern). Der Brief besteht aus 57 handschriftlichen Seiten und ist nicht ganz vollständig. Es fehlt mindestens eine Seite, ein Blatt ist beschädigt. Der Herausgeber hat versucht, die fehlenden Textstellen durch entsprechende Passagen aus anderen Berichten zu ergänzen, hauptsächlich aus dem Bericht im Diarium der Gemeine, der wahrscheinlich ebenfalls von Andresen verfasst wurde. Ansonsten ist der Text weitgehend unverändert geblieben, teilweise wurde die Rechtschreibung angepasst.

Zum besseren Verständnis des Textes ist ein Lageplan der Brüdergemeinsiedlung Ebersdorf aus dem Jahr 1806 beigefügt. Soweit die Wohnungen der im Bericht genannten Personen ermittelt werden konnten, sind sie im Plan eingetragen.

Zum Zeitpunkt der beschriebenen Ereignisse wurde das Fürstentum Ebersdorf, und damit auch die dortige Siedlung der Herrnhuter Brüdergemeine, von

---

[1] *Für den nicht so mit den Gepflogenheiten der Brüdergemeine vertrauten Leser sind vielleicht folgende Hinweise nützlich:*
Die Mitglieder der Brüdergemeine reden sich untereinander mit „Bruder" und „Schwester" an, meist in Verbindung mit dem Familiennamen. Im Schriftlichen wird es meist mit Br. und Schw. abgekürzt. Mehrere Personen unterschiedlichen Geschlechts werden Geschwister (Geschw.) genannt. Auch Ehepaare werden immer als Geschwister angeredet. Geschw. Richters sind also keine leiblichen Geschwister, sondern miteinander verheiratet.

Heinrich LI. Reuß (1761 – 1822) und Fürstin Luise, geborene von Hoym, regiert. Heinrich LI. war eben erst in diesem Jahr in den Fürstenstand erhoben worden. Sein Fürstentum war etwa 3 Quadratmeilen groß und hatte ungefähr 10 000 Einwohner.

Die Brüdergemeine Ebersdorf – im Jahre 1746 gegründet - hatte am Ende des Jahres 1806 genau 387 Mitglieder, und zwar 61 Eheleute, 5 Witwer, 22 Witwen, 72 ledige Brüder, 127 ledige Schwestern, 8 Knaben, 50 Knäblein, 26 große Mädchen und 16 Mägdlein.

Im Sommer 1806 wurde eine starke Armee des französischen Heeres im nördlichen Bayern zusammen gezogen. Im September lagen dort etwa 200 000 Mann. Am 6. Oktober traf Napoleon im Hauptquartier in Bamberg ein. Hier erhielt er das preußische Ultimatum vom 1. Oktober 1806 an die französische Regierung, welches bis zum 8. Oktober befristet war. Die Forderungen des Ultimatums: Napoleon solle sich bis hinter den Rhein zurück ziehen, ungehindert den norddeutschen Bund zulassen und verschiedene Festungen heraus geben. Diese Forderungen waren für Napoleon unannehmbar und veranlassten ihn zu der höhnischen Bemerkung gegenüber seinem Feldmarschall Berthier: "Marschall, man gibt uns ein Stelldichein für den 8. Niemals hat ein Franzose dabei gefehlt. Da aber, wie man sagt, eine schöne Königin (Königin Luise von Preußen) Zeuge des Kampfes sein wird, so seien wir ritterlich und marschieren den Preußen, ohne zu rasten, bis nach Sachsen entgegen."

Am 7. Oktober drang der französische Kaiser mit 160 000 Mann, eingeteilt in drei Kolonnen, in Thüringen ein.

Der linke Flügel rückte mit etwa 30 000 Mann von Schweinfurt über Coburg nach Saalfeld vor. Der rechte Flügel erreichte am 10. Oktober Plauen. Napoleon selbst stieß mit dem Hauptteil seines Heeres von Bamberg über Kronach, Lobenstein, Ebersdorf, Saalburg und Schleiz nach Norden vor. Am 14. Oktober 1806 kam es dann zu der Doppelschlacht bei Jena und Auerstädt, die bekanntlich mit der Niederlage Preußens endete.

angefangen am 12. Oktober 1806

Herzlich geliebte Geschwister Richters,

Ihr werdet aus den öffentlichen Blättern durch die Nachrichten von den Vorgängen in hiesigen Gegenden schon vermutet haben, dass auch wir manche merkwürdige Erfahrung gemacht haben werden und wohl sehr verlangen, etwas genaues von Euren Geschwistern zu vernehmen. Ich will daher suchen Euch hier durch ein Diarium unsers Hauses eine ausführliche Nachricht von unserm Ergehen in den Tagen des Durchmarsches des größten Teils der französischen großen Armee durchs Voigtland, - welche für die hiesige Gemeine allerdings Tage des Schreckens und der Angst waren, - zu liefern, so gut es mir jetzt, da schon seit dem Anfange einige Tage verflossen sind, noch möglich sein wird, denn während dieser Zeit wollte sich nichts aufschreiben lassen, da die Verwirrung, Beschäftigung und mitunter Ermüdung Zeit und Lust dazu benahmen. Und weil ich weiß, wie nahen Anteil Ihr noch immer an der ganzen hiesigen Gemeine nehmt, so werde ich auch von dem, was andere Geschwister betroffen, so viel ich erfahren und mir einfällt, mit anführen.

5

Das erste und hauptsächlichste ist, dass ich melden kann: der Heiland hat uns durchgeholfen, dass es mit uns nicht gar aus ist. Große Barmherzigkeit und Wunder Seiner Gnade hat er an Seiner hiesigen Gemeine bewiesen, so dass bei allem Schweren, das über uns gekommen ist, doch unsre Herzen voll Lobes und Dankes gegen Ihn sind, und man sieht die Augen der Geschwister, wenn man mit ihnen von den gemachten Erfahrungen redet, voll Tränen des Danks, dass der liebe Heiland bei der über uns gekommenen Züchtigung so gnädig und schonend mit uns verfahren, im Vergleich mit anderen um uns liegenden Orten. - Die schönen Losungen, welche wir in diesen Tagen hatten, waren uns zu außerordentlichem Troste und Aufmunterung, besonders am 9ten und 11ten: Wenn mir Angst ist, so rufe ich den Herrn an. Ps.18,7. und Du bist ja doch unter uns, Herr, und wir heißen nach Deinem Namen, verlass uns nicht! Jer. 14,9.- Es wurde in dieser Zeit der Not gewiss manches Gebet und mancher Seufzer mit Tränen vor den gebracht, der der treueste Nothelfer ist, und als solcher hat Er sich auch an uns bewiesen; ja da die Not am größten war, so war Er mit seiner Hilfe am nächsten.

Nachdem man vom 1ten Oct. an allerlei Gerüchte gehört hatte, so erfuhr man am 5ten durch den Br. Pemsel, der von der Leipziger Messe zurückkam, bestimmt, dass Saalburg von Preußen und Sachsen stark besetzt sei, welche sich daselbst zu halten versuchen wollten, wenn die Franzosen anrücken würden. Am 6ten wurden einige Sächsische Dragoner einquartiert. In Zoppoten lagen mehrere, und in Lobenstein und Schönbrunn 30 bis 50 Preußen. Einige von den ersteren empfahlen den Bauern, fleißig für sie zu beten, dass Gott ihnen Glück geben möchte, und wenn sie hörten, dass es wirklich losginge, so sollten sie nicht von ihren Knien aufstehen. - Nachmittags kam Br. Ruf von der Frankfurter Messe zurück, und brachte die Nachricht, dass die französischen Truppen so stark heranmarschierten, als sie die Straßen nur fassen könnten. In Würzburg war er 40 Stunden aufgehalten worden, weil 80 Pferde für den französischen Kaiser in Beschlag genommen waren und die Post also keine bekommen konnte. Da derselbe aber durch ein heftiges Gewitter aufgehalten wurde, so konnte die Post endlich doch abgehen. - In der Singstunde sang Br. Brey unter andern: Nimm uns zu Deinen Gnaden..., Breit aus die Flügel beide... – Wir ermunterten uns, gläubig und voll Vertrauen auf den Heiland zu sehen und uns Seinem Schutze und Seiner Bewahrung zu empfehlen. Wir schlugen uns einige Losungen auf, die uns sehr zum Trost und Aufmunterung gereichten; ich traf die vom 31. Oct.[2] und 1. Nov.[3]

Dienstag 7. Oct. folgte auf den gestrigen gerüchtvollen Tag ein stiller Vormittag. Da ich etwas in Lobenstein zu tun hatte, so bat ich Br. Spielwerg, nach der Schule in der Anstalt um 4 Uhr mit mir hinzugehen. Er bezeugte mir sein Vertrauen auf die Durchhilfe des Heilandes, wenn ja etwas über uns kommen sollte; wodurch er auch mich sehr ermunterte. Wir kamen ohne weiteres, als dass uns ein paar Preußische Reiter begegneten, nach Lobenstein; als wir aber in die Stadt kamen, war soeben dieselbe ganz in Bewegung gewesen, weil die Nachricht gekommen war, dass die Franzosen schon in dem eine kleine Stunde entfernten Neundorf wären. Doch war man schon wieder etwas beruhigt, da man gehört hatte, dass es bloß eine Patrouille gewesen, die durch den Wald geritten war, um zu rekognoszieren[4]; welches uns auf dem Rückwege auch der 54ste[5], der uns im Garten begegnete, bestätigte. - In Ebersdorf war unterdessen derselbe Lärm gewesen, doch war meine liebe Frau nicht zu sehr erschreckt worden, ohngeachtet es hieß, dass die Franzosen schon in Lobenstein wären, wo sie mich doch wusste. – Unter der Liturgie um 7 Uhr ließ mir unser Fürst sagen, dass der Wagenschuppen unter dem ehemaligen Trockenhause[6] zu einem Pferdestalle zurecht gemacht werden möchte, die Kosten wolle er tragen. Da dieses Haus dem Brüderhause gehört, so ging ich mit Br. Ruf sogleich noch zu unserm Gerichts-Commissario, dem Herrn Amtmann Fichtner, weil es doch ein Eingriff in unsre Freiheiten schien. Er sagte, es sei ein Versehen gewesen, dass die Türe offen gestanden; jetzt sei der Offizier, da er den Platz einmal gesehen habe, nicht davon abzubringen, ohngeachtet er ihm alle mögliche Vorstellung getan habe.

---

[2] Hoffet auf Ihn allezeit, lieben Leute, schüttet Euer Herz vor Ihm aus. Gott ist unsere Zuversicht. Ps. 62,9

[3] Ich bin der Herr und keiner mehr; der ich das Licht mache, und schaffe die Finsternis; der Ich Friede gebe, und schaffe das Übel. Ich bin der Herr, der solches alles tut. Jes. 45,6.7

[4] erkunden

[5] Heinrich 54. Reuß von Lobenstein-Selbitz

[6] siehe Ortsplan auf Seite 64/65

Mittwoch 8. Oct. ließ mir der Herr Amtmann früh sagen, wir möchten nochmals beim Offizier, der im Gemeinlogis logierte, - es war der Sächsische Dragoner-Offizier von Belzig – Vorstellung deswegen tun, er war aber bereits ausgeritten und wir warteten lange vergebens. Das Aufseher-Collegium kam zusammen, und man glaubte, dass man in diesem Falle die Zustimmung dazu nicht verweigern könne, weil es sonst doch mit Gewalt durchgesetzt werden würde. Wir waren aber kaum auseinander gegangen, als die gewisse Nachricht kam, dass die Franzosen im Anmarsch wären. Da gab's Eil unter den hier liegenden Sachsen. Sie ritten den Preußen, die in Lobenstein und Schönbrunn gelegen hatten, entgegen, und beim Witwenhause stürzte einer, namens Krause, dessen Vater Bedienter bei dem Br. von Wattewille in Herrnhut sein soll, mit dem Pferde, doch ohne sich beträchtlichen Schaden zu tun. Sie retirierten[7] nun alle zusammen gegen Saalburg. Der Herr Amtmann teilte uns die vom Obersten der in Nordhalben gelegenen Französischen Truppen erhaltene Versicherung mit, dass sie das hiesige Land, als Böhmisch Lehen, - wie solches an der Grenze auf Tafeln angegeben worden – für neutral ansehen und behandeln würden, und wir nichts besorgen sollten.

Gegen 12 Uhr kam dann der Vortrab der Französischen Armee, aus roten Husaren und Chasseurs a cheval bestehend, im Orte an, welchem sogleich mehrere Regimenter folgten. Ich war eben im Laden, als die ersten ankamen, denen ich also begegnete, da ich nach Hause eilte. Alle ritten starken Schrittes durch unsern Ort, fütterten und tränkten ihre Pferde auf der Wiese bei der Mühle und nahmen nach einigen Stunden ihren Weg nach Saalburg. Der Durchzug der leichten Kavallerie dauerte bis ½ 4 Uhr nachmittags ununterbrochen fort; dann aber machten die letzten Regimenter oben vor dem Orte Halt und Anstalten zum Nachtlager, worauf es sehr unruhig in unserm Orte zu werden anfing, indem die Soldaten hier und da in die Häuser drangen und mit Ungestüm Lebensmittel, besonders auch Wein und Branntwein verlangten. Man tat was man konnte, die sehr hungrigen Soldaten, welche sich in den ausgesogenen Bambergischen Orten, wo sie gelegen, sehr knapp hatten behelfen müssen, und von denen viele heute noch gar nichts bekommen hatten, zu befriedigen, und Plünderung zu verhüten. Im Brüderhause hatten die Brüder resolviert[8], nicht zu Mittag zu essen, sondern sich mit etwas Butterbrot

---

[7] zurückziehen
[8] beschlossen

zu behelfen, um den Truppen gleich etwas vorsetzen zu können. - Wir hatten Nachmittags den Br. Brey und den kleinen Heinrich Furkel zu uns zum Kaffee gebeten, da man keine solche Unruhe erwartet hatte. Ersterer ermunterte uns, getrost zu sein. - Während er noch bei uns war, kam die Schw. Lachenal[9] und sagte, dass mehrere Soldaten in die Apotheke eindrängen, und bald darauf kam einer, der etwas Deutsch konnte, an unsre Türe, mit der Anzeige, dass er hier logieren solle; er sei der Bediente des Generals de Vattier, welcher sich bei unsern nächsten Nachbarn, Doct. Sörensens, einquartiert hatte. Wir machten ihm gleich die untere Stube zurecht. - Man hat bemerkt, dass öfter nicht die rechten Namen angegeben wurden. So war wahrscheinlich de Vattier auch nur ein angenommener Name, denn andere nannten ihn Soult; und einer sagte ausdrücklich: „Das nicht General Vattier, das General Soult; General Vattier logier in Schopf (Zoppoten)." Seine Sekretäre waren gelehrte und sehr gebildete Leute. (Doch kann es nicht der bekannte General Soult gewesen sein, weil dieser über Plauen gegangen ist.) – Es dauerte nicht lange, so kam Br. Lachenal mit tränenden Augen und klagte, dass in der Apotheke alles drunter und drüber ginge; es sei eine Menge in den Keller gedrungen, hätte den Branntwein teils genommen, teils weglaufen lassen, eine große Anzahl Eier geraubt und in der Apotheke alle Spirituosen gekostet und getrunken, die Flaschen zerschmissen usw. – Nun war keine Zeit zu verlieren und ich eilte nun sogleich zu dem mir nahe wohnenden Br. Emmanuel Linder, um ihn als Dolmetscher mit herunter zum Schlosse zu nehmen, wo wir uns von dem Obersten Sauves Gardes[10] ausbaten und auch gleich bekamen, nämlich fürs Schwesternhaus, den Laden und die Apotheke, welche teils Br. Linder, teils ich an ihre Orte führte. Die im Laden sollte mit fürs Witwenhaus sein. Ins Brüderhaus waren ungesucht 6 Mann Dragoner und ein Wachtmeister zur Beschützung der Fabrik beordert worden. Späterhin holten Br. Linder und ich noch den General von Doctors, der mit uns aufs Schloss ging und uns auch noch einige Sauve Gardes verschaffte. – Im Gemein Logis ging's anfangs, bis eine Sauve Garde kam, auch ziemlich drunter und drüber, und unzählige Flaschen Wein und Branntwein wurden verzehrt; besonders fand auch der Limburger Käse viele Liebhaber. Auf der Straße, besonders vor der Apotheke lagen viel zerbrochene Flaschen. Die ersten hatten fast überall ordentlich

---

[9] die Frau des Apothekers
[10] Sauve Garde: Schutztruppe

bezahlt, daher man die folgenden ohne Furcht hineinließ; als man aber inne wurde, wie sie sich benahmen, so verschlossen und verrammelten die Geschwister ihre Haustüren, sobald sie einmal ihr Haus leer hatten. Dies war auch in der Apotheke geschehen, nachdem ein Offizier, ehe die Sauve Garde ankam, die Plünderer vertrieben hatte. – Je mehr Volk heran rückte, desto tumultuarischer ging es im Orte zu.

Ins Brüderhaus drangen viele ein und die ganze Nacht schwärmten sie in allen Winkeln herum, so dass die Brüder an keinen Schlaf denken konnten. Einige Generale logierten auch in demselben, unter andern der General Girard in Br. Brey Stube. Da es dunkel wurde, ging die Not erst recht an. – Da resolviert worden war, uns von dem Prinzen Murat, Großherzog von Berg, der im fürstlichen Schlosse angekommen war, eine schriftliche Ordre an die nachfolgenden Generale usw., uns immer gleich mit den nötigen Sauves Gardes zu versehen, auszubitten, so ging ich abends mit Br. Linder wieder ins Schloss. In des Herrn Hofrats Hause, wo wir unterwegs einsprachen, ihn aber nicht antrafen, waren wir seiner Frau und Töchtern zu großem Trost, indem eben mehrere Soldaten durch die Fenster herein zu steigen drohten. Auf Zureden des Br. Linder in ihrer Sprache und nachdem ihnen nach ihrem Verlangen etwas Wein gereicht worden, zogen sie doch wieder ab. Auf dem weiteren Wege ins Schloss musste man durch Heu und Stroh durchwaten, welches die ganze Straße bedeckte. Wir ließen uns dann gleich bei dem Prinzen Murat melden und wurden auch ohne Verzug vorgelassen. Da ihm der Br. Linder, als Sprecher, die hiesige Brüdergemeine in seinen Schutz empfahl und unser Anliegen vortrug. Er nahm dieses sehr wohl auf, und versprach, unsre Bitte zu gewähren. Darauf wurden die Landkarten vorgelegt und wegen der ganzen umliegenden Gegend Erkundigungen eingezogen, vorzüglich wegen der Lage der Klostermühle und wie dort über die Saale zu kommen. Wir warteten noch eine Zeitlang, weil wir nicht recht verstanden hatten, ob heute noch oder erst morgen früh die Ordre ausgefertigt werden sollte. Als aber keine Anstalt dazu gemacht wurde, begaben wir uns ins Vorzimmer, wo Generale und Offiziere einander drängten, und unterhielten uns mit dem Herrn Hofrat. Da kam ein Bote mit der Nachricht, dass bei Br. Menz eingebrochen, das Haus zerstört und geplündert werde, auch sei das Herrschaftliche Bau-Magazin erbrochen worden. Wir zeigten dieses gleich einem General an, welcher vorher beim Groß-Herzoge gewesen war und eben aus dem Zimmer heraus trat. Er versprach gleich selbst mit ihm zu reden, und kam alsbald mit der Ordre zurück, die Ordnung herzustellen. Wir gingen nun in der Finsternis nach Hause; bei welcher der Lärm im Orte um so fürchterlicher tönte. Bei dem Vollrathschen Hause trafen wir einige Soldaten, die unter Fluchen und Schimpfen gegen die verrammelte Haustüre anrannten, um sie aufzusprengen. Späterhin wurde es ein wenig ruhiger; vermutlich auf den Befehl des Groß-Herzogs. Es war aber eine schreckliche Nacht für die meisten Häuser unsers Orts. In mehreren wurden Töpfe und Tiegel für die Truppen, die um unsern Ort herum biwaquierten, geholt. In Doctors Küche drang, in Abwesenheit des Generals, ein Haufen ein, da die Haustür einmal geöffnet wurde, und raubte kupfernes und tonernes Küchengeschirr und einen Teil des Essens, das für den General zubereitet wurde, und riefen „Wir auch General." Im Brüderhause hatten sie auch das Essen aus der Küche weggenommen, und da ihnen vorgestellt wurde, es müsste für die Generale gekocht werden, so sagten einige: „Wir vor Kugel stehen müssen, General nicht vor Kugel." – Wir hatten uns von Br. Brey einen Bruder in unser Haus ausgebeten, weil ich doch öfters auswärts sein musste, und er gab uns den Färber, Br. Betjesen, der die Nacht bei uns wachte. – Unserm Soldaten hatten wir ein gutes Abendessen gegeben, und ein Bett in der untern Stube zurecht gemacht. – Da bei eingebrochner Nacht, die oben vor dem Orte, hinter demselben und gegen die alte Plantage zu liegenden Truppen ihre vielen Wachfeuer zum Teil dicht neben den Häusern, Hintergebäuden und Zäunen, ja sogar auf unsern Holzplätzen angezündet hatten: so entstand keine geringe Besorgnis wegen Feuersgefahr für unsern Ort. Es war ein fürchterlicher Anblick, die vielen Feuer teils ganz nah, teils in einiger Entfernung zu sehen, von denen über und um unsern Ort eine Röte am Himmel, wie von einer Feuersbrunst, entstand. Man war daher sehr wachsam, um bei entstehendem Unglück gleich Hilfe leisten zu können, doch der treue Hüter Israel bewahrte uns vor allem Schaden. – Der Holzvorrat in unserm Holzgarten war ihnen sehr willkommen und wurde stark von ihnen benutzt. Von dem unsrigen verbrauchten sie circa 4 Klaftern. – Noch muss ich von heute Nachmittag anführen, dass meine Frau, die mit der Schw. Risler zu sprechen hatte, bei allem Trouble ohne Furcht hinüber ins Gemeinhaus ging. Sie fühlte sich überhaupt durchs Vertrauen zum lieben Heiland mächtig gestärkt und war ganz getrost, worüber ich mich sehr freute, denn ich hatte besorgt, dass sie sehr ängstlich sein und dadurch an ihrer ohnehin sehr schwächlichen

Gesundheit noch mehr leiden möchte. Spät kamen wir zu Bette, und schliefen sehr unruhig. Neben uns im Gemein-Logis ging's immer sehr laut zu.

Donnerstag 9 Oct. In aller Frühe brachen die Truppen, welche um uns herum gelegen hatten, auf; zugleich nahm aber auch der Durchzug für diesen Tag seinen Anfang und dauerte beinahe ohne Aufhören bis nachmittags um 5 Uhr fort. – Ich stand früh um ½ 5 Uhr auf, da ich nicht länger schlafen konnte. Br. Linder holte, sobald es Tag wurde, die gestern erbetene schriftliche Ordre aus dem Schlosse, und brachte mir dieselbe. Da ich sie las, so fand ich, dass es bloß ein Befehl war, den Herrn Linder mit den nötigen Sauves Gardes zu versehen. Er hatte in Gegenwart der Herren die Schrift nicht durchlesen wollen, und es also nicht eher bemerkt, bis er zu mir kam. Jetzt war es aber nicht mehr zu ändern. – Ich ging zu einigen Geschwistern, zu sehen, wie es ihnen ergangen sei. Wo man hinkam, oder jemand begegnete, so sah man häufige Tränen fließen. Es waltete ein ganz besonderes Gefühl der Liebe und des Teilnehmens, in welchem alle Geschwister, die zueinander kamen und sich wohlbehalten wiedersahen, einander begrüßten. – Br. Menz[11] zeigte mir, wo in seiner Schreiner-Werkstatt durchs Fenster eingebrochen, und die Türe nach dem Hofe zu zerschmettert worden. Sie hatten in seiner Wohnstube etliche Kommoden ausgeräumt und alle Esswaren im Hause fortgenommen, so dass sie heute früh für ihr Kind ein Frühstück von guten Freunden erbitten mussten. Br. Menz hatte die ganze Nacht gewacht; es blieb alles ruhig bis des morgens um 4 Uhr, da heftig an die Haustüre angeklopft wurde. Er hielt sich ganz ruhig, ob der Lärm gleich immer stärker wurde. Endlich wurde an den Fensterladen gepocht, und er hörte rufen: „Ist die Frau Rothin (die Hebamme) nicht da? Sie soll auf den Neuhammer kommen." – Nun machte er auf, und die alte Mutter ging bei aller Gefahr hin. Unterwegs wurde sie von etlichen Soldaten angehalten und ihre Taschen visitiert. Sie ließ es ruhig geschehen und sagte zu ihnen: Auf <u>der</u> Seite nichts als Medizin, auf der andern Geld. Das nahmen sie dann auch weg; es bestand aber nur in ½ Kopfstück und einem Röllchen Pfennige. – Br. Christensen, der Goldschmied, welcher aber auch allerhand andere Waren verkauft, war mit dem Verlust mehrerer Tabackspfeifenröhre etc. noch ganz gut weggekommen, doch hatte er manche Not von seiner

---

[11] Br. Menz war erst im Frühjahr 1806 hier eingezogen und hatte die Schreiner-Werkstatt von Gempp übernommen (von ihm ist später noch die Rede)

Einquartierung gehabt, deren Pferde im Hofe standen. Einer wollte ihm eine schlechte Taschenuhr nehmen; er erhielt sie aber doch noch durch die Hilfe des eben dazu kommenden D. Wolters. – Im Schwesternhaus, wo die Brüder Hanke und Süber gewacht hatten, war ein schlechter Mensch als Sauve Garde, der schon betrunken hinkam und immer noch mehr trank, so dass er zuletzt ganz wild und wütend war und immer im Hause herum und zu den Schwestern wollte. Erst um 3 Uhr brachten sie ihn zum Schlafen. – Im Brüderhause fand ich die meisten Brüder auf den Gängen, die mir von der Not und Angst der vergangenen Nacht erzählten. Über 500 Flaschen Wein waren seit gestern Nachmittag darauf gegangen. Gegen Br. Brey, der etwas französisch mit ihnen sprechen konnte, bewiesen Offiziere und Soldaten viel Achtung, und nannten ihn le petit directeur. Die Brüder Ruf und Bau waren ihm unermüdet zur Hilfe und ordneten alles an. Br. Friedrich Hübner, der gestern Abend gezwungen worden war, einen Trupp in der Nacht nach Röppisch zu führen und dem das Licht in der Laterne unterwegs auslöschte, hatte das Unglück, den Weg zu verfehlen und sie auf den Weg nach Remptendorf zu bringen, welches er erst bemerkte, als sie in den Wald kamen. Hier gab ihm gleich einer einen so gewaltigen Schlag mit dem Säbel auf den Kopf, dass das Blut herausströmte. Dann ließen sie ihn laufen, und in der Angst legte er den halbstündigen Weg nach Hause zurück ohne umzusinken. Zu Hause aber, wo er gleich verbunden wurde, fiel er in Ohnmacht. (Es war jedoch keine gefährliche Verletzung und er ist in ziemlich kurzer Zeit wieder hergestellt worden.) – Als ich aus dem Brüderhause weggehen wollte, marschierten nach einem kurzen Zwischenraum wieder Soldaten in den Ort und machten Halt vor dem Brüderhause. Ich wollte daher nach Hause eilen, um bei der Hand zu sein, wenn auch zu uns einige kämen; allein die Brüder, die auf dem Gange waren, wollten mich nicht hinaus lassen und baten mich hier zu blieben und mich nicht in Gefahr zu begeben; weil es unmöglich schien, hinaus zu kommen und sie auch fürchteten, dass, wenn die Haustüre aufginge, die Soldaten mit Macht hereindringen würden. Endlich kam Br. Linder, der heute wieder mit mir war, und führte mich hinten herum, wo er gesehen hatte, dass der Weg offen war. Als wir unter die Soldaten kamen, wandten wir uns an den Offizier und Br. Linder zeigte sein Schreiben des Prinzen Murat, auf welchem durch ein Versehen bloß _sein_ Name genannt worden, dabei aber die Brüdergemeine gemeint gewesen sei. Wir erhielten sogleich drei neue Sauves Gardes statt derer, die in der Nacht da gewesen, aber gegen Morgen abmarschiert waren. Der General Frère war dem Brüderhause für Mittag angesagt worden. Sein Adjutant, der einige Zeit vorher sich einfand, wurde ungestüm, und drohte den Br. Linder, der ihn beruhigen wollte, zu schlagen, als eben noch auf dessen Rufen die Rettung kam: der General selbst – ein sehr höflicher und bescheidener Mensch. Er unterhielt sich viel mit Br. Brey, welcher auch mit ihm spazieren ging. Er hatte seinen eigenen Koch mit gebracht. - Zu Hause aß ich zu Mittag, nachher ging ich ins Amt und bat den Herrn Amtmann darum, dass er, wenn wir wieder Einquartierung bekämen, er uns doch ordentliche Offiziere ins Logis geben möchte, sie würden sich doch honetter betragen, als letzterer, wenn sie gleich eine bessere Beköstigung verlangen. Das war ihm recht und er versprach es gern. Ich sah aber zugleich, wie sehr es im Amte heftig zuging und wie die Generäle ihm zusetzten, geschwind Quartiere anzuweisen. – Nachdem ich noch einige Gänge gemacht hatte, ging ich nach Hause. Man hatte zur Hilfe im Hause uns noch eine Schwester, Elisabeth Deuern, zugeteilt. An Doctor Sörensens Tür fand ich einen Zettel angeschrieben: Quartier des Marschalls Bernadotte, und an der unsrigen: Logis des Generals Berthier. Ich erschrak, weil ich mir denken konnte, dass diese Herren ein größeres Gefolge mitbringen würden, als wir aufzunehmen im Stande wären. Ich ging zum Amtmann und fragte, ob es der Kriegsminister sei, den ich beherbergen solle. Antwort: Ja; er bringt aber nur einen Bedienten mit.

Da ich eben beim Schlosse stand, kamen ein paar Bediente und Adjutanten von Napoleon, von dessen bevorstehender Ankunft man schon benachrichtigt worden war, an, und er selbst wurde gleich erwartet. Ich blieb noch ein Weilchen stehen, aber der Kaiser ritt in dem unaufhörlich durchziehenden Zuge unbemerkt vorbei. Er war hinter dem Schwesternhaus-Garten herum und auf der Straße, die vom Gottesacker in den Ort führt, am Brüderhause wieder hereingeritten.

Erst gegen Abend kehrte er ins Schloss zurück[12], worauf sogleich alle Zugänge mit Wachen gesichert wurden, die niemanden anderwärts als durch den Haupteingang hineinließen. – Als ich eben nach Hause gehen wollte, rief mir unser Amtmann zu, dass der Quartiermeister des Kriegsministers zu mir wolle, den ich gleich mitnehmen möchte. Dies geschah, als er aber an unser Haus

---

[12] er war zunächst nach Schleiz geritten, wo es ein erstes Zusammentreffen mit den Preußen gab

kam und vernahm, dass wir nur ein Zimmer eingerichtet hätten, so wählte er gleich den nebenliegenden Gasthof, weil er mehrere Zimmer brauchte. Was den Marschall Bernadotte betrifft, der bei Dr. Sörensens logieren sollte, so kam derselbe gegen Mittag an, verweilte eine Zeitlang vor dem Gemeinhause und erteilte den Offizieren eine Reihe von Ordres.
Er begab sich sodann ins Schloss, wo er sich selbst einige Zimmer wählte.

Fürstl. Schloss.

Allerdings blieb er nicht über Nacht da, und im Schlosse wurden alle verfügbaren Räume durch sein Gefolge in Beschlag genommen. Für den Kaiser wurden unserer Fürstin Zimmer bestimmt und für den Marschall Berthier, da er in der Nähe des Kaisers sein muss, die Zimmer des Fürsten, obgleich der Marschall selbst im Brüderhause übernachten wollte.
Die Zettel an Dr. Sörensens und unserer Haustüre taten uns inzwischen gute Dienste, da andere Offiziere, die sich selbst bei uns einquartieren wollten, umgehend davon abließen, sobald sie die Namen lasen.
Endlich aber wurde uns ein Zettel für 7 Offiziere gebracht; da wir denn angewiesen wurden, für sie zu kochen und zu braten. – Unser Br. Betjesen musste am Nachmittag ins Brüderhaus gehen und konnte nicht zurück kommen. Br. Brey schickte uns an seiner Statt den Br. Schwecklen. Gegen Abend kamen dann 4 der angekündigten 7 Offiziere, denen gleich aufgetragen wurde und die sich sehr ordentlich benahmen. Sie waren ganz bescheiden und

mit allem zufrieden, was wir ihnen gaben; eben so auch die 3 andern; welche, nachdem sie etwas später eingetroffen waren, zum Speisen kamen. Es blieb aber keiner von ihnen über Nacht bei uns, weil sie die Wache beim Kaiser im Schloss hatten. Hernach kam noch einer mit einem Billet, der bei uns übernachten wollte; als er aber gegessen hatte, ging er auch fort und kam nicht wieder. Wir hatten also nur die 3 Bedienten der ersten 7 Offiziere über Nacht bei uns, denen wir in unserm Küchenstübchen eine Streu machten. – Wir hatten heute eine Partie zinnerner Eß- und Teelöffel angeschafft, deren wir uns alle, die in unserm Hause speisten, vornehm und gering, sich bedienen mussten. Es hat auch niemand eine Einwendung dagegen gemacht. – Schon nachmittags hatte mir der Herr Amtmann gesagt, dass der Vorschlag geschehen sei, die Witwen möchten ins Schwesternhaus ziehen und ihr Haus ganz zur Einquartierung einräumen. Ich tat dagegen Vorstellung, allein man verlangte im Amte, dass ich den Witwen den Antrag tun möchte. Zuerst ging ich also zu Br. Risler und mit ihm ins Schwesternhaus. Da war man willig, die Witwen aufzunehmen; und nun gingen wir beide ins Witwenhaus. Hier wurde aber von allen Seiten inständig gebeten, dass man die alten Mütter nicht aus dem Hause vertreiben möchte; sie wären willig, das ganze untere Stockwerk einzuräumen, wenn es sein müsste, aber das Ausziehen möchte man ihnen nicht zumuten, zumal es bei den immerwährenden Durchzügen nicht einmal möglich sein würde, die Sachen hinüber zu schaffen. Dieses sagte ich wieder im Amte; bei der Menge der einzuquartierenden Truppen war dem Witwenhause schon eine Anzahl von 100 Mann zugeschrieben worden. Eben war ich unten, als eine Menge Soldaten hinauf marschierte, und da ich gleich vermutete, das es die fürs Witwenhaus bestimmte wäre, so lief ich so stark ich konnte, hinten herum und langte noch vor ihnen an. Da erfuhr ich denn, dass sich die ledigen Brüder auf ihre Bitte willig erklärt hätten, ihnen ihre Einquartierung abzunehmen, und sie dieselbe nur beköstigen sollten. Als ich wieder heraustrat, war der ganze Haufe auch schon da. Einer präsentierte mir den Quartierzettel, den ich nahm und ihnen sagte, dass sie mir ins Brüderhaus folgen möchten; allein er schrie mir nach, indem er zu schlagen drohte: Dies sei das Haus, wohin sie gewiesen wären, und da wollten sie bleiben; ich sollte gleich die Türen aufmachen. Dies musste also geschehen, und es drangen gleich mehrere mit hinein, denen dann alle mögliche Vorstellungen geschahen; auch wurde gleich nach Br. Bau geschickt, mit dem die Witwen die Sache verhandelt hatten. Endlich gelang es ihnen doch sie fortzubringen, durch die Versicherung, dass sie es im Brüderhause weit besser haben würden, als hier. –

Ich war durch das hintere Tor wieder heraus gegangen, und als ich nach Hause kam, wurde mir ein Zettel mit 15 Mann Einquartierung fürs Ruplebersche Haus, dessen bisherige Bewohner vor kurzen heimgegangen waren, vorgewiesen. Da war guter Rat teuer; mein Haus hatte ich voll, und für jene musste ich auch sorgen, da das Haus der Gemeine anheim gefallen ist. Als ich eben mit einigen hinaufzog, schickte mit der liebe Gott den Gempp[13] zu , welcher merkte, dass ich mich in Verlegenheit befand, was ich mit den Leuten anfangen sollte, und sich gleich erbot, den Wirt dort zu machen. Das nahm ich mit Freuden an, führte sie hin und ging gleich mit einem von ihnen zurück, weil gleich Bier herbei geschafft werden sollte, welches ich im Gemein-Logis durch unsere Dienstschwester holen ließ. Er ging uns aber nicht von der Seite, bis wir wieder ins Haus kamen, wo schon Feuer angeschürt war. Nun wollten sie sich selbst eine Suppe kochen, wozu ihnen der Garten etwas Grünes liefern und ich nur für ein Stück Speck sorgen sollte. Zum Nachtlager holte der vorerwähnte Bierbegleiter mit Gempp Stroh vom Felde, wo die vorige Nacht kampiert worden war, und ich bekam ein Stück Speck bei der Schw. Friederike Schlegeln, welche auch so gütig war, mir aus der Not wegen der übrigen Mahlzeit zu helfen, weil wir als Witwenhaus-Kostgänger gar nicht aufs Kochen eingerichtet sind und keine Vorräte haben, und jetzt kaum das auftreiben konnten, was wir für die Offiziere in unsrer eigenen Wohnung brauchten. Nur Käse musste ich ihnen noch holen und Brot herbei schaffen lassen. – So war denn dieses besorgt, und nun besuchte ich noch Geschw. Rislers, bei denen der General Beaumont mit einem Secretaire und Bedienten logiert. Der General war sehr bescheiden und zufrieden. Er war durch eine Russische Kugel am Halse beschädigt worden, so dass er sehr undeutlich sprach. Er sagte unter andern, dass wir uns wohl nicht vorstellen würden, welche große Menge Truppen sich diese Nacht in und um Ebersdorf befänden; doch gab es

---

[13] Johann Heinrich Gempp - Er war im Februar 1806 aus der Gemeine ausgeschlossen worden wegen Vernachlässigung seiner Profession als Tischler, schlechter Wirtschaft, Schulden und Unehrlichkeit gegenüber einigen Brüdern, von denen er sich Geld geliehen hatte. Da mit dem Ausschluss aus der Gemeine der Verlust des Wohnrechts in Ebersdorf verbunden war, war er im Juni „mit seiner Frau und 4 Kindern auf seine, eine Viertelstunde von hier entlegene Ziegelhütte" gezogen.

die Anzahl nicht an. Manche haben sie auf 20 000 geschätzt. Er erkundigte sich auch, ob wir Katholiken oder Protestanten wären. Überhaupt haben sich mehrere wegen unserer Religion befragt. Im Brüderhaus fragte ein General den Br. Bau, ob wir auch an einen Gott glaubten. Auf die Bejahung dieser Frage, fuhr er fort, ob wir auch an den Vater, Sohn und heiligen Geist glaubten. Nach erhaltener Antwort sagte er: Ich nicht daran glaub, ich nur glaub an einen Gott. – Da ich noch einen Gang ins Schloss machte, und wie gewöhnlich meinen Weg über die von den Schwestern sogenannte Englische Brücke nehmen wollte, wies mich der dahin postierte Soldat mit vorgehaltenen Bajonett zurück, indem er mir zurief: Fort, fort! so dass ich vorn herum gehen musste. Als ich nach Hause gekommen war, glaubte ich nun für heute Abend in Ruhe bleiben zu können und kleidete mich, da ich ermüdet war, etwas zeitig aus. Aber etwa gegen 9 Uhr schickte Br. Ruf zu mir, mit der Bitte, ihn ins Schloss zu Marschall Berthier zu begleiten, weil die im Brüderhaus einquartierte Mannschaft, die schon reichlich Wein bekommen hatte, noch mehr verlangte und ungestüm wurde. Schnell war ich wieder in den Kleidern, und Br. Lassel geleitete mich durch den Lärm auf den Straßen ins Brüderhaus, von wo wir sogleich ins Schloss gingen und uns anmelden ließen. Ein Bedienter führte uns zu unsers Fürsten Zimmern und zeigte uns einen Herrn, welcher mit einem andern sprach, als den Kriegsminister. Diesen ersuchte Br. Ruf, da er auf uns zukam, um eine Sauve Garde fürs Brüderhaus, weil die Soldaten unruhig wären. „Ich logier bei Ihnen" war die Antwort „und bin Sauve Garde genug" und sogleich lief er vor uns her ins Brüderhaus, dass wir kaum nachfolgen konnten. Hier erzählte ihm Br. Brey das Benehmen der Soldaten, die sich aber unterdessen auf den Schlafsaal begeben hatten, wo sie auf einer Streu und in Betten übernachten sollten. Es ging gleich einer mit hinauf und stellte sie zur Rede, da sie denn verdrießlich wurden, dass man sie verklagt habe. Indessen versprachen sie ruhig zu sein. – Es entstand hernach unter uns noch ein Zweifel, ob derjenige, der mit uns gekommen war, auch wirklich der Kriegsminister sei, weil einige Brüder am Tage einen andern dafür gehalten hatten. – Ein paar Brüder begleiteten mich nun nach Hause. Darauf begab ich mich bald zur Ruhe. – Heute Nachmittag um ½ 3 Uhr hatte die Kaiserliche Garde zu Fuß, aus Grenadiers und Chasseurs bestehend, mit einer furchtbar schönen Janitscharen-Musik ihren Einzug in unsern Ort gehalten, und sich vor dem fürstlichen Schlosse en parade gestellt. – Des Abends war wieder die schreckliche Röte am Himmel zu sehen, wozu diesmal noch kam, dass nachts in Neundorf und Unterlemnitz einige Häuser in Brand standen; welches alles zusammen einen fürchterlichen Anblick gab.

Freitag 10 Oct. Bald nach 4 Uhr war ich wieder auf und kaum war ich angekleidet, als wieder ein Bote aus dem Brüderhause kam, mit der Nachricht, dass sie jetzt Gewissheit davon erlangt hätten, dass der Kriegsminister, Marschall Berthier, - der ein sehr leutseliger Herr zu sein scheine, - wirklich bei ihnen übernachtet habe (welches sich aber dennoch nicht so verhielt), und dass es vielleicht gute Folgen haben könnte, wenn von Seiten der Direktion der Brüdergemeine ihm die Aufwartung gemacht und dieselbe in seinen Schutz empfehlen würde. Ich eilte sogleich zu Br. Risler, der gleich bereit war mitzugehen. Wir riefen Br. Garve[14], und versammelten uns auf der Vorsteherstube bei Br. Brey, und da der Kriegsminister im Schlosse war, so begaben wir 4 Brüder uns bald nach 6 Uhr dahin. Er befand sich aber beim Kaiser. Es war ein rechtes Getümmel im Schlosse und alle Zimmer und Gänge mit Marschällen, Generalen und hohen Offizieren angefüllt. Nachdem wir eine Zeitlang gewartet hatten, ging ein Herr von hohem Rang bei uns vorüber in des Fürsten Zimmer, und gleich darauf erfuhren wir, dass dieser der Kriegsminister gewesen sei. (Es war aber nicht derselbe, welcher uns gestern ins Brüderhaus begleitet hatte.) Nun eilten wir ihm nach, blieben im Vorzimmer und ließen uns anmelden. Es waren aber so viele Ordres zu erteilen und Geschäfte abzutun, dass wir gar nicht vorkommen konnten. Nach langem vergeblichen Warten fiel uns ein, dass es vielleicht das Beste sei, uns direkt an den Kaiser selbst zu wenden. Wir begaben uns danach in dessen antichambre, - er logierte, wie schon bemerkt worden, in der Fürstin Zimmern – und fragten, ob man vor ihn gelassen werden könne? Es hieß aber: Nein, wenn nicht vorher etwas Schriftliches eingereicht worden wäre. Br. Risler und ich gingen nun nach Hause, ersterer um einen schriftlichen Aufsatz zu machen, und ich, nachzusehen, wie es zu Hause stehe. Ich fand alles in Ordnung, unsre Offiziere hatten gefrühstückt und waren wieder weg. Der Zug der Truppen dauerte ununterbrochen durch den Ort fort, und das durch eine solche Menge Menschen verursachte Getöse war erstaunlich. Ich ging wieder hinunter, und

---

[14] Carl Bernhard Garve, ein bekannter Kirchenliederdichter, war damals Prediger in Ebersdorf

nachdem Br. Risler auch wiedergekommen war, so versuchten wir, den kurzen Aufsatz einreichen zu lassen; es war aber niemand zu finden, der uns darin behilflich sein wollte und wir konnten unsren Zweck nicht erreichen. Da kamen wir auf den Gedanken, uns schriftlich an den Kriegsminister zu wenden; doch während die Brr. Risler und Garve in der eben jetzt ziemlich leeren Amtsstube den Aufsatz entwerfen wollten, ging ich zum Herrn Hofrat Eyring und erhielt durch ihn die sehr beruhigende Nachricht, dass auf Verwendung unsrer gnädigsten Landesherrschaft die besten Versicherungen erteilt seien und durch den französischen Kaiser an den ernannten Kommandanten des Orts für eine Sauve Garde aus der Kaiserlichen Garde zu Fuß die nötigen Schutzbefehle erlassen worden. Die Brr. Risler und Garve begnügten sich daher damit, dem gedachten Kommandanten, Herrn General Defhein, im Hause des Herrn Hofrats die Brüdergemeine bestens zu empfehlen, worauf Seine Exzellenz sich mit sehr befriedigenden Zusicherungen äußerte, und da er selbst nicht hier bleiben könne, einen Mann an seiner Stelle hier zu lassen versprach, der sich sowohl durch seine Kenntnis beider Sprachen, als durch seine Gesinnungsart empfehle. Es war dieses der Oberst Lauberdiere, welcher die vergangene Nacht nebst dem General Blein im Brüderhause logiert und sich sehr wohl benommen hatte, der auch in den folgenden Tagen, solang er sich hier aufhielt, sich als einen braven und wohlgesinnten Mann bewiesen und durch gute und feste Maßregeln dem Orte sehr nützliche Dienste geleistet hat.

Gegen 11 Uhr vormittags erfolgte die Abreise Seiner Majestät zu Wagen, in Begleitung eines Teils seiner Garde, von welcher gegen 50 Mann als Sauvegardes für hiesigen Ort waren bestimmt worden. Was uns diese Schutzwache noch wichtiger zu machen diente, war, dass sie Befehl hatte, hier zu Bedeckung des Orts und Landes zu bleiben, bis mit den Durchzügen alle Gefahr vorüber wäre; da bisher bei jeder einquartierten Abteilung die Sauvesgardes aufs neue und oft fruchtlos erbeten werden mussten.

Bis jedoch die Ausrichtung und Bekanntmachung so günstiger Verfügungen eingeleitet war, verging uns noch ein unbeschreiblich sorgen- und angstvoller Zeitraum. Der Durchzug der französischen Truppen hatte heute wiederum am frühesten Morgen seinen Anfang genommen. Ein Regiment Dragoner und berittener Feldjäger folgte dem andern auf den Fußtapfen bis abends um 5 Uhr. Schon wurden für die bevorstehende Nacht von einrückenden Truppen mit großem Ungestüm Quartiere verlangt. Unsere Herrn Beamten befanden sich, wie mir später der Herr Hof-Medicus erzählte und wie man leicht denken kann, wegen Unterbringung so vieler Leute, im höchsten Gedränge; daher sie sich dann auch genötiget sahen, für unsern Gemeinort, besonders aber für die Chorhäuser eine äußerst starke Einquartierung zu bestimmen. Es schien diesmal nicht anders möglich zu sein, als dass das Brüderhaus 600, das Schwesternhaus 400, das Gemeinhaus mit dem Kirchensaal 200, das Witwenhaus gleichfalls 200, die Familienhäuser 30, 40 bis 50 Mann ins

Quartier würden aufnehmen müssen. Wir hatten schon in den beiden ersten Tagen des Truppendurchmarsches die Beschwerden der Einquartierung

Schwesternhaus

drückend erfahren; und jetzt, bei schon entstandenem allgemeinen Mangel an Lebensmitteln, bei Erschöpfung unserer Kräfte durch Arbeit und Wachen, stand zu erwarten, nun eine so große Anzahl von Truppen beköstigen und bedienen zu müssen: dies gewährte ohnfehlbar die traurigste Aussicht. - Ein Quartiermeister war kaum im Amte über untunliche Leistungen einigermaßen bedeutet, so erschien der andere, der wieder mehrere hundert Mann ankündigte. Gerade waren drei dieser Offiziere daselbst zusammen getroffen, und da jeder von ihnen seine Forderungen vor den andren wollte geltend machen, so gerieten sie wider einander dergestalt in Hitze, dass sie die Säbel zogen, aufeinander wütend eindrangen, und dass es nicht anders schien, als würde hier alles niedergehauen werden.

Doch eben da die Herrn Commandeurs bei unsrer Municipalität mit der
äußersten Heftigkeit auf der Einquartierung ihrer Truppen bestanden, trat der
General Adjutant des Kaisers Napoleon mit der Ordre Sr. Majestät in der Hand
in die Amtsstube und sagte, auf diesen Befehl zeigend, in einem ernsten Tone:
„Messieurs, voila l ordre dé l'Empereur, que déformais ne feront logé ici point
de troupes."[15] Hierauf waren die lärmenden Herrn sogleich verstimmt, waren
wie vor den Kopf geschlagen und zogen stille ab. – Wie uns da zu Mute war,
setzte der Herr Hof-Medicus hinzu, lässt sich nicht beschreiben. – Was ich für
Freude bei den Geschwistern mit dieser Nachricht anrichtete, kann ich auch
nicht beschreiben. Tausend Dank sei dem gebracht, der uns so mächtig und
zur rechten Zeit geholfen hat! – Unterm Mittagessen kam Gempp und brachte
mir den Schlüssel zum Rupleberschen Hause, und erzählte, dass als er gegen
Mittag in dasselbe gekommen, zwei Husaren und eine Frau darin gewesen,
welche von hinten eingebrochen und eben darüber her waren, die Sachen,
welche ich zur Auction in Ordnung gebracht und nummeriert hatte, zu rauben.
Er habe sie aber verjagt, und da er bemerkt, dass sie ein Bündel Wäsche und
einen kupfernen Kessel mitnahmen, sei er ihnen bald ins Lager beim
Holzgarten nachgefolgt, wo er auch glücklicherweise die Frau gleich
angetroffen. Durch die Frage: Wo ist der Kommandant? habe er sogleich
bewirkt, dass sie ihm das Bündel mit den Worten: Da hast du deine Sachen!
wiedergegeben, und auch den Kessel, worin sie noch erst Kaffee kochen
wollte, auf dessen Auslieferung er aber bestand, eingehändigt habe. Er brachte
nun, was er gerettet hatte, und nachmittags ließ ich durch ihn und Br. Scheerer
die besten Sachen in eine Kiste legen und zu mir herunter schaffen. – Da wir
wenig Vorräte zum Kochen, außer Kartoffeln, und keinen Wein und Branntwein
im Hause hatten, so war ich gestern und heute, so oft es die Zeit erlaubte,
bemüht, besonders von den letzten beiden Artikeln, die immer zuerst verlangt
wurden, unbemerkt etwas ins Haus zu schaffen, weil man besorgen musste,
dass bei der starken Consumtion in Kürze nichts mehr davon zu bekommen
sein würde. Dieses würde auch erfolgt sein, wenn nicht zum Glück noch am
letzten Sonnabende eine Fuhre mit Wein und Branntwein angelangt gewesen

---

[15] „ Meine Herrn! Hier ist die Ordre vom Kaiser, dass Ebersdorf, als sein Hauptquartier,
mit aller Einquartierung verschont bleiben soll. Alle Truppen müssen schlechterdings
sogleich weiter marschieren."

wäre. Wir hattens uns aber zur Regel gemacht, nicht eher etwas anders als Bier zu geben, als bis ausdrücklich auf Wein oder Branntwein bestanden wurde. – Der Herr Hofrat schickte mir nachmittags folgende Ordre des Kaisers, welche an unsre Häuser angeheftet werden sollte:

Auf Befehl des Kaisers.
Alexander Berthier, Reichsmarschall und Kriegsminister, Großcordon der Ehrenlegion und Chef der ersten Kohorte, Oberjägermeister der Krone, Großkreuz des preußischen schwarzen und roten Adlerordens, Generalmajor der Hauptarmee.
Die Truppen der französischen Armee sollen alle Besitzungen des Herrn Grafen Reuß respektieren, dessen Wohnung zu Ebersdorf das Hauptquartier des Kaisers ist. Die Befehlshaber der Truppen sollen ihren Schutz seinem Amtmann Georg Fichtner erteilen.

(L.S.)   Marschall Alexander Berthier.
P.S.   Im Schlosse soll niemand als der kommandierende Offizier logieren.
Unterzeichnet: Marschall Alex. Berthier.

Es fiel uns auf, dass darin nicht von Befreiung des ganzen Orts von Einquartierung die Rede sei, und als ich gegen Abend den Herrn Hofrat besuchte, so äußerte er auch seine Verwunderung darüber, dass der Commandant da la place dem ohngeachtet, die Verordnung so verstehe und ausdehne. Indessen waren wir froh und dankbar, dass die ungeheure Menge Truppen jetzt durch den Ort durchzog, welche uns in der künftigen Nacht manche Not und Angst würde verursacht haben, wenn sie da geblieben wäre. Ehe es aber dazu kam und auch noch während des Durchzugs gabs noch manchen Schreck und Not, wenn die Soldaten in die Häuser eindrangen, allerhand Forderungen machten und vieles sich selbst nahmen. Ich will hier nur einiges anführen, was uns begegnete: Einer, der bei unserer Haustreppe zu mir stieß, verlangte, dass ich ihm ein paar Flaschen Wein gegen Bezahlung geben sollte. Ich wies ihn ins Gemein-Logis, er begehrte aber, ich sollte ihm welchen verschaffen, er wollte unterdessen in meinem Hause warten. Da ich ihn nicht merken lassen wollte, dass ich einigen Wein im Hause hätte, so borgte ich mir in der Nachbarschaft eine Flasche. Zu Hause aber hatte ihm unsre Dienstschwester in der Angst auf sein Begehren schon Essen und zwei Flaschen Wein gegeben, wozu ich jetzt die dritte brachte. Er nahm alles und ging ohne zu bezahlen fort. In einiger Zeit erschien er wieder mit einem Kameraden, und forderte, ich sollte ihm noch mehr Wein holen, weil man im Gasthofe wohl ihn, aber nicht mich abweisen würde. Ich brachte also aus dem Gemein-Logis, wo nicht mehr viel zu haben war, noch eine bouteille saure Ware, und sagte, dass nur noch wenig Wein vorhanden und dieser kaum zu trinken sei. Er ging wieder ohne Bezahlung damit fort; und wir ließen es geschehen, um nicht erst Händel zu wagen. Indessen mochte er den letzten Wein wohl nicht nach seinem Geschmack gefunden haben, denn er kam nicht wieder. – Einige andere schrieen mich vor unsrem Hause um Brot an: Da nun dasselbe sehr rar zu werden anfing, so wies ich sie, indem ich weiter ging, an, selbst zum Bäcker zu gehen. Sie klopften aber so gewaltig an unsre Haustüre, dass ihnen aufgetan werden musste, und als ihnen auf ihre mancherlei Forderungen nicht alles gleich herbeigeschafft wurde, so drohten sie aufzubrechen und Haussuchung zu tun (ravager & checker). Zum Glück war Br. Spielwerg eben da, der sie zu bedeuten suchte. Meine Frau lief geschwind, den Br. Scheerer zu Hilfe zu holen, traf ihn aber nicht zu Hause an. Unterdessen hatten sie sich doch, da ihnen etwas gereicht worden, wieder besänftigen lassen. – Man hätte gern allen so viel möglich was sie verlangten gegeben; aber der zu besorgende Mangel machte zurückhaltend. Fleisch war wirklich einmal gar nicht und Brot sehr wenig zu bekommen, und als es hernach wieder zu haben war, versah man sich aus Furcht vor abermaligem Mangel mit einer solchen Menge von beiden, dass man hernach kaum wusste, was man damit anfangen sollte. – Gegen Abend suchte man dann die für unsre Gemeine erforderlichen Sauves Gardes zu bekommen, und auch ich war so glücklich, eine für mein Haus zu erhalten. Es war ein freundlicher Piemonteser, mit dem wir sehr zufrieden waren. Er hatte den Schlachten bei Ulm und Austerlitz beigewohnt. – Mit dankbar frohem Herzen, dass die befürchtete große Angst und Not für die nächste Nacht so gnädig abgewendet worden, speisten wir zu Abend und ließen es uns recht wohl schmecken, denn der Appetit, der sich anfangs ziemlich verloren hatte, hatte sich wieder eingefunden. – Der Durchzug der Truppen, welcher so wie gestern am frühen Morgen seinen Anfang genommen, hatte heute mit wenig Unterbrechung den ganzen Tag fortgedauert, und ein Regiment Dragoner und Jäger zu Pferd folgte immer auf das andere bis abends um 5 Uhr. Späterhin machte ein Teil durchziehender Truppen Halt, lagerte sich um den Ort und in den Nebengassen, worauf sogleich überall Feuer angezündet wurden. Die Röte, die dadurch am Himmel entstand, verbunden mit dem Zeichen einer starken Feuersbrunst nach Schleitz hin, gab wiederum einen fürchterlichen und ängstlichen Anblick. Dieses Feuer war in Öttersdorf hinter Schleitz, wo ein ernstliches Scharmützel vorgefallen war. Durch einen Druckfehler in der Bamberger Zeitung, worin Ebersdorf statt Öttersdorf genannt war, sind manche unserer Freunde, - welche nicht darauf geachtet hatten, dass die Entfernung von Schleitz nur als ½ Stunde angegeben war, - unsretwegen in großen Kummer versetzt worden. – Es währte nicht lang, so kam Br. Mercher mit der Anzeige, dass durch die Feuer im und beim Holzhof und besonders die in der Nebengasse zwischen dem Witwenhause und Bäcker Sörensen die größte Gefahr für unsern Ort drohte. Ich schickte den Br. Schweicklen mit unserer Sauve Garde hin, und ließ zur Vorsicht ermahnen, doch ohne viel Erfolg. Bald hernach kam der Nachtwächter, Br. Christoph Weber, mit derselben Nachricht. Da ich von der heutigen Unruhe ermüdet war, bat ich ihn, dem Herrn Hofrat die Sache anzuzeigen, damit Einhalt geschehen möchte. Glücklicher Weise traf er eben den Kommandanten bei ihm, welcher sogleich mit ihm hineilte und Vorsicht gebot, worauf die großen Flammen merklich kleiner wurden, und als sie nach einiger Zeit wieder wuchsen, so dämpfte sie Br. Adam, der sich im Witwenhaus aufhielt, wieder etwas durch einen Zuruf mit starker Stimme in französischer Sprache. Nach einem Aufenthalt von etwa 1 Stunde brachen die Truppen wieder auf, nachdem sie die Feuer selbst bestmöglichst ausgelöscht hatten. Es patrouillierten jedoch einige Brüder die Nacht hindurch einige Mal, um zu sehen, ob alles sicher sei. – Wir wollten uns eben zu Ruhe begeben, als wir einen starken Lärm auf der Straße hörten, der von einigen Kutschen vom Gefolge des Kriegsministers herrührte, welche zum Gemein-Logis fuhren. Von den Pechfackeln, womit sie begleitet wurden, fielen Brände auf die Straße und als sie in den Hof gezogen worden waren, so sah man die Leute mit diesen Fackeln und Lichtern ohne Laterne in den Stall gehen, wo, wie im Hofe, alles voll Heu und Stroh lag, und endlich kamen sie auch in unsern und Doctors und die anderen Holzschuppen hinter unserm Hause, wohin sie auch Pferde zogen. Entsetzen übernahm uns, als wir zwischen dem Holz und über dem vielen Heu und Stroh die Fackeln und Lichter sahen, und wir gingen nicht eher zu Bett, bis alles wieder finster war, und wir noch den Br. Schweicklen mit der Sauve Garde alles hatten durchvisitieren lassen, ob wirklich nichts mehr zu befürchten sei. Die Soldaten lachten über unsre Besorgnis, und sagten, ob wir nicht dächten, dass ihnen ihre Pferde eben so lieb als uns unsre Häuser wären. – Wir empfahlen uns dem Schutze unsres lieben Herrn, und legten uns nicht ohne manchen ängstlichen Gedanken, doch aber mit dankerfülltem Herzen gegen den Heiland zu Ruhe, dass er uns heute so unerwartet und schleunig zu rechter Zeit aus der Not geholfen, denn wenn es noch länger so fortgegangen wäre, so würde man bald nicht mehr im Stande gewesen sein, die Truppen zu befriedigen, da denn großes Unglück erfolgt sein würde, und das hätte schon hie und da diese Nacht der Fall sein können. – Noch muss ich von heute anführen, dass ich gegen Abend vom Herrn Hofrat erfuhr, dass unser Herr Amtmann nachmittags von einer Art eines Schlagflusses befallen worden sei, und ziemlich ohne Bewusstsein im Schlosse krank liege. Hinterher habe ich von ihm selbst erfahren, dass er, als nicht lange nach der Abfahrt des Kaisers einem durchziehenden Teil der Garde schleunig einige Erquickungen gereicht werden sollten, und er bei dem schon eintretenden Mangel nicht imstande war, dieselben so geschwind, als es verlangt wurde, herbei zu schaffen, von dem Offizier zu Boden gestoßen worden sei, worauf er sich in eine Stube geflüchtet habe, daselbst aber gleich ohne Bewusstsein niedergesunken sei. Er war seit dem 8ten dieses nicht aus den Kleidern und wenig in seine Wohnung, die er auch voll hatte, gekommen, und hatte immer in der Amtsstube übernachtet; wodurch er sich bei der ausgestandenen, beständigen Angst und öfteren Schrecken, da er vorher schon nicht ganz wohl war, diesen Zufall zugezogen haben mag. – Auch der Herr Actuarius Klötzer erlag unter der übergroßen Last, und verfiel in ein Nervenfieber; wovon er jedoch in ziemlich kurzer Zeit wieder hergestellt wurde. – Die Besorgung der Geschäfte des Amts übernahm nun der Kammer-Secretaire Klein, und der Herr Hof-Medicus unterstützte ihn darin mit unermüdetem Eifer. Dieser hatte aber auch einen Schlag davon getragen, so dass er einige Tage hinken musste.

Sonnabend 11 Oct. Wir hatten, Gott Lob! eine ruhige Nacht gehabt, obgleich viel Durchmarsch gewesen war. Unser Br. Schweicklen hatte noch einige Mal nachgesehen, ob es in den Holzschuppen in Ansehung des Feuers sicher sei, und als alles wieder leer war, mit der Sauve Garde abermals visitiert. – Im Gemein-Logis war der Secretaire des Kriegsministers, Marschalls Berthier, mit noch einem Herrn gewesen, welche sehr bescheiden und zufrieden waren, und alles bezahlten. Sie äußerten, dass sie sich's gefallen lassen müssten, wenn gar nichts zu haben wäre. Die Schw. Pemseln, die ihnen etwas gutes zu geben wünschte, briet ihnen einen Kapaun, den sie noch hatte, der ihnen aber, als sie ihn eben tranchieren wollte, von einigen später gekommenen, sehr ungestümen Offizieren, welche in ihr Zimmer eindrangen, von Tische weggenommen und fortgetragen wurde, weil sie sich mit dem Rindsbraten, der nur noch zu haben war, nicht begnügen wollten. Die ersteren eilten ihnen zwar nach und es entstand ein heftiger Streit unter ihnen; sie richteten aber nichts aus. – Gegen Frühstück kam Br. Mercher, der uns erzählte, was ihm begegnet sei. Am 9ten des morgens wurde an seine Fenster geklopft und gerufen: Bauer, heraus! geschwind, mitgehn! Er musste sich schleunig zurecht machen, und als Bote nach Saalburg mitgehen. Auf diesem Wege unterhielt sich der General, der selbst zu Fuße ging, mit ihm und zog Erkundigung von der ganzen Gegend ein. In Saalburg, wo ein wenig Halt gemacht wurde, sollte er gezwungen werden, bis Schleiz mitzugehen. Er passte aber einen Zeitpunkt ab, wo er unbemerkt in ein Haus entwischen konnte, wo er sich ¾ Stunde lang im Abtritt verbarg, bis das Regiment durch die Stadt gezogen war. durch einen Nebenweg gelangte er an die Brücke, wo man ihn wieder nötigen wollte, als Bote zu dienen; er entrann aber noch zur Mühle, und setzte beim Wehr durch die Saale, wo ihm aber das Wasser bis an den halben Leib ging und er beinahe von dem starken Strom umgerissen worden wäre. Der Heiland aber, setzte er mit Tränen in den Augen hinzu, zu dem er inbrünstig gerufen, habe ihm glücklich durchgeholfen. Nun schlich er sich durch die Wälder, und langte zu großem Trost und Freude seiner um ihn bekümmerten Familie zu Hause an. – Den folgenden Tag wurde er wieder zum Botengehen mit Gewalt genommen, musste aber, weil es Aufenthalt gab, beim Schlosse einige Stunden warten, während welcher Zeit ein Soldat mit blankem Säbel neben ihm stand, um ihn am Entweichen zu hindern. Doch, als endlich eine Schriftliche Ordre gelesen wurde, und aller Augen auf des Papier gerichtet waren, wagte er es unter den Pferden durch zu kriechen, und auf der anderen Seite hinten herum über die Wiese nach Hause zu entfliehen, wo seine Gegenwart bei dem starken Durchmarsch höchst notwendig war. – Heute gegen 9 Uhr vormittags wurden die Sauves Gardes durch die Trommel zusammen gerufen, . (in der Folge geschah es immer erst um 10 Uhr) – um sich beim Kommandanten zu stellen und aufs neue verteilt zu werden. Unser Italiener blieb uns zu lang aus, daher holte ich ihn mit Br. Schweicklen wieder. Da aber so viele nötig waren, so mussten wir ihn an die Apotheke, die gestern eine eigene bekommen hatte, abtreten; er erhielt aber Befehl, über unser ganzes Haus zu wachen, und wir verabredeten, dass, wenn einem eine Not zustieße (besonders in der Nacht), wir einander durch Klopfen ein Zeichen geben wollten. In die Beköstigung teilten Doctors, Apothekers und wir uns. – Die Truppenmärsche waren heute noch immer ziemlich stark. Vormittags marschierte ein großes Corps Infanterie, aus Füsilieren und Jägern zu Fuß bestehend, durch den Ort; und ein noch größeres, dessen Zug bei 2 Stunden dauerte, nahm den Weg dicht hinter dem Orte an den Gärten vorbei. Dieses teilte sich in zwei Arme, von denen der eine etwas weiter gegen den Pohlig zu über die Felder und Wiesen ging. Nachmittags kam die schwere Kavallerie, deren ununterbrochner Durchzug kaum in 3 Stunden das Ende erreichte, und hierauf folgte eine große Menge Geschütz, Bagage- und Munitions-Wagen. Die Zettel an den Häusern wurden fleißig gelesen. Abends wurde es ganz ruhig, und wir konnten uns mit Hoffnung einer stillen Nacht zu Ruhe legen; man konnte auch wegen Feuersgefahr unbesorgt sein, da keine Truppen da blieben; auch in der Ferne sah man heute kein Feuer-Zeichen. – Br. Schweicklen bestand aber darauf, auch diese Nacht noch nicht sich niederzulegen. Es blieb stille bis ½ 12 Uhr, dann kam ein großer Zug Kavallerie, worauf Wagen und Geschütz folgten, und von ½ 2 Uhr an bis gegen 5 Infanterie mit Musik und Trommeln, die auch sogar uns in unsrer Schlafstube, die doch hinten hinaus ist, nicht schlafen ließ, nachdem ich durch einen Schrei über einen ängstlichen Traum mich selbst, meine Frau und Tochter aufgeweckt hatte. Es sollen in dieser Nacht 15tausend Mann durchpassiert sein. Einmal wurde ein ziemlich langer Halt gemacht, wobei es sehr geräuschig zu ging, so dass die Einwohner der Lobensteiner Gasse dadurch in große Angst und Schrecken gesetzt wurden, weil sie sich diesen nächtlichen Aufenthalt nicht zu erklären wussten; endlich ging der Zug doch wieder ohne weiteres vorwärts.

Sonntag 12 Oct. Man hatte gedacht, wenn es möglich wäre, heute vormittags eine kurze Versammlung zu halten, um dem lieben Heilande für Seinen bisherigen Schutz und Durchhilfe zu danken und um Seine fernere Bewahrung anzuflehen; da aber wieder Durchmärsche kamen, indem vormittags mehrere Infanterie-Regimenter durchgingen, so wurde doch fürs beste gehalten, es noch anstehen zu lassen, weil die Geschwister sich nicht wohl von ihren Häusern entfernen konnten. Wir ließen unsern Br. Schweicklen, der sich gegen Morgen niedergelegt hatte, schlafen bis gegen 9 Uhr, da Br. Ruf kam, um ihn zur Hilfe bei Einbringung einiger Gemüse aus dem Brüdergarten zu holen. Sie wurden aber bald von den wieder ankommenden Truppen, in deren Gegenwart sie nicht draußen sein wollten, verscheucht. – Geschw. Rislers besuchten in diesen Tagen, sobald es ruhige Intervalle gab, alle Geschwister im ganzen Orte zu ihrer großen Freude und Aufmunterung. – Zu Mittag passierten etliche und 30 große Kähne zu Schiffbrücken (Pontons) nebst Bohlen und Ankern durch. Ich hatte mir unter Pontons kleine Kähne von Kupfer vorgestellt, diese aber waren von Holz und ziemlich groß. Geschütz und Munition ging auch viel durch, und nachmittags folgten wieder Truppen. – Die ledige Schwester Hallern hatte heute etwas bei unserer Fürstin zu tun, welche aber zu Mittag speiste, als sie sich anmelden ließ. Sie wurde dem ohngeachtet vorgelassen und von der guten Fürstin sogar genötigt, mit ihr zu essen. Sie hatte einen ungedeckten Tisch vor sich und nur wenige Speisen. Sie erzählte ihr, dass sie sich, als der Kaiser angekommen war, bei ihm habe melden lassen; er hatte aber so viel zu expedieren, dass er sie nicht eher als nach mehreren Stunden, als sie schon im Begriff war, sich zur Ruhe zu begeben, vor sich kommen lassen konnte. Als sie endlich hingerufen worden sei, so habe sie zu Gott geschrieen, ihr doch die Worte in den Mund zu legen, die sie zum Besten des Landes reden sollte. Sie stellte dann dem Kaiser, der sie zwischen sich und den Marschall Berthier niedersitzen ließ, die Not ihrer Untertanen vor und bat um Schonung derselben. Anfangs fand sie nicht rechten Eingang, da der Kaiser der Meinung war, dass in dieser schönen Stadt, - wie er Ebersdorf nannte, - wo so große Häuser wären, viel Reichtum sein müsste; worauf sie aber erwiderte, dass in denselben lauter Fabricanten und Professionisten wohnten, welche seit mehreren Jahren wenig Verdienst gehabt hätten, und überdies gäbe die Ordnung und Reinlichkeit, welche in der Brüdergemeine eingeführt sei, ein Ansehen von Wohlstand, der sich aber, wie sie gewiss versichern könne, gegenwärtig nicht fände. Nach mehrmaligen Wiederholungen dieser Versicherungen, sagte er endlich, dass er denselben glaube, und den Ort so viel möglich schonen und daher von Einquartierungen befreien wolle. Am folgenden Morgen ließ er sie zum déjeûner einladen, und stellte ihr 2 dahin abzweckende Ordres zu, wobei die eine unterm 10ten dieses schon angeführt worden ist. Da sie von dem schon jetzt zu befürchtenden Mangel sprach, so stand der Kaiser auf und sagte: „Ich kann Ihnen ja helfen. Wenn die Durchmärsche vorbei sind, und Sie wollen Wagen schicken, so sollen Sie aus dem Magazin in Bamberg Mehl und Zwieback bekommen." – Es wird versichert, dass der Kaiser geäußert haben soll, er hätte noch keine Regentin gefunden, die mit so vieler Angelegenheit und so dringend sich des Wohls ihrer Untertanen angenommen hätte. – Als ich nach Tische etwas für mich allein war, und mir überlegte, welche Barmherzigkeit und unerwartete Hilfe wir vom lieben Heiland erfahren, so musste ich den Tränen freien Lauf lassen vor Dank und Beschämung, dass er so große Dinge an Seinem armen Ebersdorf getan, und sich an demselben vor so vielen Orten so herrlich bewiesen hat. Wir sind nicht wert aller der Gnade und Treue, die Er an uns tut. – Mit unsern nächsten Nachbarn, Doct. Sörensens, sind wir in diesen Tagen viel zusammen gekommen; teils gab es öfters gemeinschaftlich etwas Nachbarliches zu überlegen, teils trösteten und ermunterten wir einander. So brachten sie auch heute, um in Gesellschaft zu sein, ihren Kaffee zu uns, so wie sie gestern, da ich Abhaltung hatte, meine Frau und Tochter zu sich gebeten hatten. Ihre Lydia war beinahe immer bei unsrer Ludchen[16]. Man hört jetzt viele Nachrichten von den umliegenden Orten. Die guten Leute aus Friesau, von denen wir unsre Milch bekommen, kamen heute Nachmittag und brachten uns etwas Milch und Rahm, welche Artikel jetzt sehr rar sind. Sie hatten ihr großes Vieh doch behalten, aber 2 Ziegen (wovon sie jedoch in der Folge eine wieder erhielten) und alles Federvieh wurde ihnen genommen.

Einmal wurde ein Trupp Fußvolk, das plündern wollte, durch Sturmläuten, auf welches Zeichen sich die Bauern mit Mistgabeln und Dreschflegeln bewaffneten, zur Flucht gezwungen, und musste ein paar schon geschlachtete Ochsen im Stich lassen. Die meisten Einwohner haben ihr Vieh in die Wälder getrieben. Der Pfarrer, der auch hart mitgenommen worden ist, hat heute eine sehr rührende Predigt gehalten, worin er mehr geweint als geredet hat. – In Schönbrunn sind sehr viele Häuser verlassen, und mehrere Einwohner mit ihrem Vieh in den Busch geflohen. Der Heinrichsstein etc. war ein förmlicher Viehstall. – Ein Offizier hatte in Schönbrunn einen Soldaten, der geplündert hatte, auf der Stelle erstochen. Die Einwohner begingen die Unvorsichtigkeit, den Leichnam eine Zeit lang liegen zu lassen. Da nun nachfolgende Truppen

---

[16] Ludowike Henriette

mutmaßten, dass ihr Kamerad von den Bauern umgebracht worden sei, so übten sie an diesen ihre Rache aus. Dies Dorf hat besonders gelitten. In Zoppoten hatten mehrere der reichen Bauern ihr Geld und Sachen von Wert in ein Bergwerk (das Glücksloch) verborgen. Dieses verriet der sogenannte Dorngärtner – Zimmermann – ein Bösewicht, der den Zoppotenern schon seit vielen Jahren unendliche Not zugezogen. Da dies heraus kam, fielen die Bauern über ihn her; er entfloh ins Schloss, und da er verfolgt wurde, sprang er im zweiten Stockwerke zum Fenster heraus; aber unten erwarteten ihn schon wieder einige, schlugen auf ihn los und die Soldaten halfen, bis er endlich tot blieb. – Der hiesige Hofgärtner, der gute Herr Schönert, wurde in seiner abgelegenen Wohnung auch überfallen, und ihm sehr vieles geraubt, unter andren eine sehr gute Taschenuhr, wobei er, da er sie nicht geschwind genug herausbringen konnte, niedergeworfen und mit Stößen und Schlägen übel traktiert wurde. – Heute Nachmittag schickte mir endlich der Herr Hofrat die zweite Ordre des Kaisers Napoleon, welche ihm, wie er mir sagte, die Fürstin jetzt erst zum Kopieren ausgehändigt hatte. Sie sollte auch an mehrere Häuser angeheftet werden, welches denn auch geschah. Am obern Eingang des Orts wurde dieselbe auf einem Pfahle angeschlagen und mit einer Laterne für die Nacht versehen. Sie lautet, wie folgt:

Befehl   Ebersdorf, den 10. Oktober 1806.
Es wird dem kommandierenden Adjutanten Lauberdière befohlen, alle Korps, welche nach Ebersdorf kommen werden, gerade durchziehen zu heißen, um ihren Marsch auf Schleiz fortzusetzen, wie denn auch allen Truppen, welche noch keinen ausdrücklichen Befehl haben über Ebersdorf zu ziehen, die Weisung erteilt wird, nach Schleiz in gerader Linie fortzuziehen.
Generalmajor, Fürst von Neufchatel, Alex. Berthier.
Nach der dem Original gleichlautenden Abschrift.
Ebersd. d. 10 Oct.1806   Lauberdière, Oberster, Adjutant des
Kommandanten, dermals ernannter Orts-Kommandant.

Abends war es ziemlich ruhig, und der liebe Heiland schenkte uns eine stille Nacht, in welcher wir unter Seinem Schutze sanft ruhen konnten.
Montag 13 Oct. Früh kam der Schulz aus dem Dorfe zu mir mit der Bitte vom Amte und dem Herrn Hofrate, dass wir doch auch Boten für die Truppen aus unserer Gemeine besorgen möchten, weil es mit den Leuten aus dem Dorfe

nicht mehr bestritten werden könne, und zwar sollten für den Vormittag 4, für den Nachmittag eben so viel, und für die Nacht 8 in Bereitschaft sein. Das gab wieder für diesen Vormittag viel zu tun. Die Einrichtung wurde so getroffen, dass jede Familie einen, und das Brüderhaus 4 Leute stellen sollte; wer nicht selbst gehen könnte, sollte im Brüderhaus gegen Bezahlung jemand für sich bekommen. In der Folge machte sich jeder Hausvater, der nicht selbst gehen konnte, einen bestimmten Boten aus, den er schickte, sobald die Reihe an ihn kam. Br. Scheerer wurde als Aufseher darüber und Besteller angestellt. Ehe dies aber alles in Ordnung kam, ging der Vormittag hin, und auch nachmittags gabs noch einiges deswegen zu regulieren. Da man im Brüderhaus auf eingezogene Erkundigung erfahren hatte, dass im Dorfe die Beamten und der Hofprediger vom Botengehen frei wären, so wurde ausdrücklich verlangt, dass die Arbeiter der Gemeine gleiches Vorrecht genießen sollten. Ich hatte aber, da anfangs gleich welche herbei geschafft werden mussten, bereits den Br. Schweicklen für mich geschickt. Da aber für diesmal die ersten 4 nur bis 12 Uhr blieben, so kam er nicht dran, und brachte bei seiner retour wieder eine Sauve Garde für Doctors und uns, den wir in unser untern Stube einlogierten. Er war aus der Gegend von Genf gebürtig und schrieb sich Moine, wurde aber Moin genannt; reformierter Religion. Heute konnte er nur von Zeit zu Zeit kommen und in der Nacht musste er die Wache im Schlosse versehen. – Als ich nachmittags unten war, fand sich noch einer, den ich ins Schwesternhaus brachte, wo sie zwei zu haben wünschten. – Gleich nach Tische war das Mamelucken-Corps – etwa aus 60 Mann bestehend – durch passiert, bei welchem mehrere Neger waren; wie sich überhaupt auch unter den andern Truppen öfters Neger befanden. Nachmittags kamen Bayrische Truppen. Der Befehlshaber derselben verlangte durchaus Nachtquartier, und seine Soldaten drohten bei Verweigerung desselben mit Anzündung des Orts; jedoch die Standhaftigkeit unsers französischen Orts-Kommandanten nötigte sie – alles Widersetzens ungeachtet – weiter zu marschieren. Er hatte dabei geäußert, dass, da er die französischen Truppen alle abgewiesen habe, er nun nicht Bayrische aufnehmen dürfe.– Abends wurde es wieder ruhig, nur im Gemein-Logis war es ziemlich voll, von solchen, die gegen Bezahlung da logieren wollten.

Dienstag 14 Oct. Die Nacht war ruhig gewesen. Die Gäste im Gemein-Logis bezahlten heute früh bei ihrer Abreise bloß den verzehrten Wein, mit dem Bedeuten, das übrige werde der Kaiser bezahlen. Br. Pemsel stritt sich eine Weile mit ihnen, und dann beim Schlosse auch noch Doct. Wolter; ohne jedoch etwas auszurichten. Beim Frühstück kam Br. Scheerer, der die ganze Nacht mit Bestellung der Boten zu tun gehabt hatte, mir Bericht abzustatten. Die Reihe durch unsern Ort war jetzt   herum, und seit gestern Mittag bis heute früh waren 31 Boten abgefertigt worden. Obgleich die Sache das erstemal noch nicht so völlig arrangiert war, so hatte man sich doch im Amte darüber gefreut, dass alles in so guter Ordnung ging im Vergleich mit der bisherigen Unordnung im Dorfe, und es sollte nun darauf angetragen werden, es auch dort gehörig zu regulieren, so dass sich niemand ausschlösse, wie es bisher geschehen. – Heute früh hörte man es 3 Stunden lang ohne Aufhören kanonieren, und der Stallmeister unsers Fürsten, welcher an den französischen Kaiser geschickt worden und der heute von Gera zurück gekommen war, sagte, dass es in der Gegend von Naumburg sei, wo sich, wie man hörte, die Preußen festgesetzt haben. – Heute Vormittag kam die Ältesten-Conferenz zusammen, und es wurde resolviert, die Feier unsers Gemein-Festes, welches auf den 16ten dieses fällt, zu verschieben, denn wenn man es gleich auch nur mit einigen Versammlungen begangen hätte, so würden doch nur wenig Geschwister gewagt haben, ihre Häuser zu verlassen. – Diesen Vormittag wurden auch auf Verlangen des Herrn Hofrats auch der Kaiserliche Schutzbrief als auch die Ordre wegen der Truppen-Durchzüge ins Deutsche übersetzt und an den Hauptgebäuden neben dem französischen Original angeschlagen, um es den nun öfters durchgehenden Deutschen verständlich zu machen. – Nachmittags waren wir wieder bei Doctors; ich konnte aber nicht lange bleiben. – Um 5 Uhr ging ich mit Br. Garve ins Schloss, um unserer teuren Landesmutter im Namen der hiesigen Brüdergemeine zu danken für ihre Verwendung beim Französischen Kaiser zum Besten des Landes und unsers Ortes. Wir trafen sie gleich im Vorzimmer; sie war aber sehr beschäftigt, weil eben der in Lobenstein sich aufhaltende Commissaire beim Fürsten war und darauf drang, hier Lieferungen auszuschreiben. Sie sagte uns, dass sie ihm schon die vom Kaiser selbst erhaltene Zusicherung, dass das hiesige Land von Lieferungen frei bleiben solle, vorgehalten habe, wobei der Kaiser die Äußerung getan: Er sähe es selbst, dass dieses Land, welches meist aus Wald und Sumpf bestünde, und wenig Ackerbau habe, nicht im Stande sei, Lieferungen zu tun. – Sie bat uns, eine Weile zu warten, um uns zu ihrem Gemahl zu bringen, wenn der Mann fort wäre. Da er aber nicht ging, und sie noch einmal zu uns kam, so brachte Br. Garve unser Anliegen an. Sie antwortete, dass <u>Gott</u> dafür der Dank gebühre, der das Herz des Kaisers zu unserm Besten gelenkt habe; wenn durch sie etwas geschehen sei, so wäre sie bloß das Werkzeug gewesen. Mit Tränen in den Augen äußerte sie die Besorgnis, dass ihre Sächsischen Güter, die jetzt zwischen den Armeen liegen, wohl ganz zu Grunde gerichtet werden dürften. (Doch hat sie hernach die tröstliche Nachricht erhalten, dass es noch erträglicher daselbst ergangen sei, als man hoffen konnte.) Die auf Befehl des Kaisers erhaltenen Papiere hielt sie immer in der Hand, und sagte, das sei ihr Schatz, den sie immer in die Hände nehme, sobald jemand komme, aus Besorgnis, dass er ihr entrissen werden möchte. – Da wir beim Fürsten nicht vorkommen konnten, ließen wir uns empfehlen und gingen nach Hause voll herzlichen Mitleidens mit unserer guten Herrschaft, dass sie gegenwärtig so viele Not und Kummer hat. Der liebe Heiland vergelte es ihr, was sie an und für uns tut! – Abends waren wir ganz ruhig beisammen. – Es waren heute noch mehrere sehr starke Corps französische Infanterie und Kavallerie durch den Ort gezogen; unter denselben befanden sich einige Divisionen von der Kaiserlichen Garde zu Pferde, mehrenteils Chasseurs, prächtig montiert und sehr gut equipiert. – Mit dem heutigen Tage hörten die Hauptdurchzüge der französischen großen Armee auf, nachdem dieselben über 6 Tage und einige Nächte, nur wenige Stunden der Ruhe ausgenommen, fort gedauert hatten. Man glaubt ohne Übertreibung annehmen zu können, dass in diesen Tagen eine Armee von 200 000 Mann durch unsern Ort und bei demselben in der Nähe vorbei gezogen sei. Bedenkt man nun noch, was für eine Menge Geschütz, Bagage- und Munitions-Wagen den durchziehenden Truppen und Corps gefolgt sind, so kann man leicht ermessen, was für ein Geräusch bei Tag und Nacht unser sonst so stilles Örtchen erfüllte. Ein Glück war für uns, dass uns der Heiland die Zeit her so schönes Wetter geschenkt hat, wodurch, da die Wege so trocken sind, der Marsch der Truppen sehr beschleunigt, und unsre Straße durch den Ort so gut erhalten worden ist, als wenn nichts durchpassiert wäre.

Hier will ich noch nachholen, wie es mehreren unserer Geschwister, deren ich noch nicht erwähnt habe, in diesen Tagen ergangen ist: Geschw. Wagners, die sehr stark mit Einquartierung belästigt waren, verloren auch an kupfernem und zinnernem Küchengeschirr etwas beträchtliches. Ihr hauptsächlichster und für sie schmerzlichster Verlust aber besteht darin, dass ihnen ihr fettes Schwein, welches sie bald schlachten wollten, erschlagen und weggenommen wurde. Ihre Kinderchen mussten das Essen in der Küche auf dem Fußboden sitzend einnehmen, weil in den vollen Stuben kein Platz für sie war. –

Geschw. Nürnbergers (er war an der Gicht krank) hatten auch das Haus immer voll Leute und verloren auch zwei Schweine, ihr Federvieh und mehrere Klaftern Holz vom Holzplatz; doch waren sie froh, dass ihnen im Hause nichts wegkam, als einige Betttücher, obwohl die Schw. Nürnbergern in der Verwirrung die Schlüssel in den Kommoden stecken gelassen, und in der Eile eine Rolle Geld, die sie verbergen wollte, zu den Tabakspfeifen auf einen Schrank gelegt hatte. – Ihren Nachbarn aber, Geschw. Neuschützs ist es sehr übel ergangen, indem sie völlig ausgeplündert worden sind. Es drangen mehrere durch die Hintertüre, die sie zerschmettert hatten, ins Haus, warfen den armen Mann gleich mit einem Stoß zu Boden, räumten dann Schränke und Kommoden aus, und nahmen sogar das Garn und andere Ware, die er zu färben hatte, aus der Farbe mit weg, und verderbten und zerstreuten mehrere Farb-Species. Von ihren Kleidern und Wäsche blieb ihnen wenig mehr übrig, als was sie und ihre Kinder am Leibe hatten. Auch sie büßten ein fettes Schwein ein, das sie auf 20 th. schätzten. Ihre Ziegen erhielten sie in der Folge wieder. – Geschw. Kempfs mussten hauptsächlich viel Wein liefern, der bezahlt werden sollte, welches aber nicht geschah. Außerdem büßten sie einige Waren, die sie von der Leipziger Messe bekommen sollten, unterwegs ein. – Geschw. Erdmanns wurde ein Beutel mit 18 Talern, da sie Geld wechseln sollten, weggenommen; und sie hatten auch sonst viel Schreck und Angst. – Den Geschw. Albrechts wurden gleich im Anfang, da einige Brot von ihnen verlangten, zwei silberne Esslöffel – ziemlich alles was sie an Silber hatten – entwendet. Ihre Einquartierung hatten ihnen Geschw. Wagners und zum Teil auch Erdmanns abgenommen und sie trugen nur zur Beköstigung derselben bei. Dagegen räumten sie ihren Holzschuppen für Pferde ein. – Bei Geschw. Merchers wurde das Schwein erstochen; doch handelte er es den Soldaten wieder ab. Dem Br. Mercher brachten übrigens die Franzosen einmal, da er ihnen sagte, dass er arm sei, mehrere Brote, auch Fleisch, so dass er mit seiner Familie einige Tage davon leben konnte. – Geschw. Lückstädts, die vor kurzem den Topfhandel, welchen bisher die sel. Geschw. Rupleber geführt hatten, übernommen, mussten eine nicht unbeträchtliche Menge Geschirr unentgeltlich hergeben. – Bei Geschw. Widemanns waren einige in den Hof eingedrungen, und als die Schw. Widemann die Türe zum Stall, worin sie jetzt ein Schwein hatten, offen fand, so machte sie dieselbe zu. Gleich darauf hört sie einen starken Lärm darin, ruft ihren Mann, und da dieser die Tür eben öffnen will, so springt sie auf und ein Soldat stürzt heraus, der ihm sogleich voll Bosheit einen derben Schlag gibt. Da Br. W. französisch spricht, so besänftigte er ihn jedoch bald durch die Vorstellung, dass es in Unwissenheit geschehen sei. Ihr größter Verlust bestand darin, dass ihre Scheune eröffnet und das noch ungedroschne Getreide zum Unterstreuen als Stroh gebraucht wurde, wodurch sie ihre ganze Ernte einbüßten. Auch wurde dem Br. Widemann eine Uhr, die er aus Lobenstein zum Reparieren erhalten hatte und die er bei sich trug, genommen. –

Bäcker Sörensen hatte einen schlimmen Stand. Er hatte außerordentlich starke Einquartierung (nach und nach gegen 90 Mann), auch seiner Scheune wegen viele Pferde; und außerdem drangen noch sehr viele in sein Haus, um Brot zu holen. Einmal, da er eben vor dem Ofen stand, kamen viele und nahmen das noch nicht fertige Brot aus dem Ofen. Auch ein Fass Butter wurde ihm weggenommen. Sein Verlust ist einer der größten. – Der alte Br. Ulrich Willy, der in demselben Hause wohnt, und weil er französisch spricht, als Dolmetscher dienen musste, bekam einige Stöße und Schläge, auch wurden ihm einige Fächer in seiner Kommode ausgeräumt. – Br. Christensen hat doch ein beträchtliches an diversen Waren verloren, welche die erste Einquartierung verlangte und ohne Bezahlung nahm. Dann rieten sie ihm, alles zu verbergen, mit den Zusatz: Du gut für uns; wir gut für dich. – Geschw. Kumbergs kamen mit am besten weg. Nur anfangs kamen einmal 7 Mann ins Haus und verlangten Branntwein; er führte sie im ganzen Hause herum und zeigte ihnen, dass er keinen habe. Sie ließen sich überzeugen und forderten jetzt nur Flaschen, die sie auch erhielten. Nachher hielt er Haustüre und Fensterladen fest verschlossen, es mochte noch so stark angeschlagen werden. Auch fror er lieber mit den Seinigen, als dass er durch Rauch aus dem Schornstein das Dasein von Bewohnern des Hauses verraten hätte. Nur zuletzt bekam er einmal einen Mann Einquartierung; wahrscheinlich hatte man im Amte vorher sein kleines Häuschen, als Anhang zu Apotheke, aus der Acht gelassen.

Jedermann gönnte es den guten armen Leuten von Herzen. - Eben so gut und noch besser kam die alte contracte[17] Mutter Mack mit ihrer Tochter, die unter uns wohnen, durch. Über diese hat der liebe Heiland ganz besonders gewacht, und ohngeachtet ihre Fenster nur wenig über dem Erdboden erhaben sind, und sie gegen die Straße zu die Fensterladen den Tag über öffneten, so kam doch niemand zu ihnen hinein. – Geschw. Scheerers kamen noch ganz leidlich weg; sie hatten nicht allzu starke Einquartierung und die Leute betrugen sich ganz bescheiden. An Stroh haben sie einiges eingebüßt, da Pferde in ihren Holzschuppen gestellt wurden. Ihr Schwein haben sie gerettet, indem sie es mit Br. Menz seinem in ihrem Keller verbargen. – Da in diesem ganzen Haus hinten hinaus aus den Kellern Türen in den Hof gehen, so war es ein besonderes Glück, dass die Soldaten nicht hier herein drangen, weil sonst gewiss alle unsre Keller ausgeleert und Pferde hinein gestellt worden wären. – Bei Geschw. Nitschmann wars öfters erstaunlich voll, und besonders hatten sie viele Pferde. Auch sie büßten in der Scheune, die ihnen und Geschw. Widemanns zusammen gehört, Stroh und auch einiges Getreide ein. Viel Schrecken und Angst standen sie aus, da einmal etliche den Keller, wiewohl vergeblich, durchsuchten, um Wein zu finden. Die Schw. Gempp, welche sie den Tag vor dem Einmarsch der Franzosen, da dieselbe allein auf der abgelegenen Ziegelhütte nicht bleiben konnte, und nicht wusste, wohin sie flüchten sollte, aus Mitleiden in ihr Haus aufgenommen hatten, tat ihnen als Dolmetscher gute Dienste. Br. Nitschmann war noch auf der Leipziger Messe. – Der verwitweten Schw. Thrän flog einmal ein Stein ins Zimmer durchs Fenster, der sie beinahe getroffen hätte. – Geschw. Brindeaux hatten sich, da Br. Brindeau unpaß war, am 9ten zu Geschw. Rislers begeben, wo sie einen Tag blieben, bis er sich wieder etwas erholt hatte. So hatten auch Geschw. Neuschütz, nachdem sie ausgeplündert worden, auf einige Zeit ihre Zuflucht zu Geschw. Rislers genommen und mitleidvolle Aufnahme gefunden. – Den armen Geschw. Heckels wurde vieles Küchengeschirr geraubt und beinahe aller Vorrat von Lebensmitteln, den sie hatten, indem die Soldaten Küche, Keller, Schuppen etc. aufs genaueste durchsuchten und sich von dem Eigentümer noch dazu leuchten ließen. Die Haustüre hatten sie mit einer Deichsel, welche sie von einem der gegenüberstehenden Wagen des Br. Beyers abgebrochen hatten, eingerannt. – Am Vollrathschen Hause fehlte es auch nicht an Not, und

---

[17] gelähmte

dazu kam noch, dass die daselbst wohnende verwitwete Frau Hausverwaltern Hötzel einigemal krank wurde, und einmal der Ofen in ihrer Stube in Brand geriet und oben einfiel. – Geschw. Beyers haben von Privatpersonen wohl am meisten gelitten und er konnte auch persönlichen Misshandlungen nicht entgehen. Da er viel Stallung hat, so musste er immer viele Pferde einnehmen, und einmal hatte er 52 Pferde und 40 Mann. Sein starker Vorrat an Hafer, Heu und Stroh ging ganz drauf, und Fleisch musste er, so viel er nur auftreiben konnte, liefern. In der einen Nacht schlachtete er sieben Ochsen. Auch verlor er ein Pferd. Er hatte nämlich 3 an einem General verkauft, und das 4te bis Schleitz vorgespannt. Der Knecht, der aufs schärfste angewiesen worden, von dort gleich um zu kehren, ließ sich dennoch bereden, bis Auma mit zu gehen. Hier wurde das Pferd gleich mit in den Stall gezogen und derselbe verschlossen und der Knecht, als er es reklamierte, fortgejagt. Sein ganzer Verlust mag sich wohl an 1000 Th. belaufen. – Die Schw. Carl Hübnern – (ihr Mann war auf der Messe in Leipzig) – und der verwitwete Br. Em. Linder, in deren Haus die beiden unteren Logis leer standen, hatten vom 9ten Oct. nachmittags bis den 10ten zu Mittag 33 Mann im Quartier, die ihnen viel Not machten. Sie hatten nicht genug Bier im Hause und es war keins aufzutreiben. Es wurde daher mit Ungestüm Wein verlangt, und da ihnen zum Unglück schlechtes Pökelfleisch vorgesetzt wurde, weil kein anderes zu bekommen war, so wurden sie wild und drohten, zu schlagen und zu hauen, wobei Br. Linder in Gefahr kam. Mit Mühe wurden sie besänftigt; aber Wein musste reichlich gegeben werden und sie leerten während ihres Aufenthaltes 50 Flaschen. Die Schw. Hübnern hatte, da sie von ihrem Bruder, Kempf, Wein holen wollte, viel Anfechtung von den eben gedrängt durch marschierenden Truppen auszuhalten, die sie oft ganze Strecken zurücktrieben. Auch hätte sie leicht ein Unglück treffen können, da sie mit Brot beladen aus dem Brüderhause kam und sich durch die eben durchpassierenden Wagen drängen musste, wobei sie stolperte und leicht hätte fallen und unter die Pferde kommen können. – Geschw. Gareisens hatten auch reichlich Einquartierung und da er immer viel an Pferde- und Wagen-Geschirren auszubessern hatte, so musste die Frau allein sie mit dem nötigen versorgen. – Dass es im Gemein-Logis, - wenn das Haus öfters ganz angefüllt war, - sehr tumultuarisch zuging, ist leicht zu denken. Der Verlust, den es erlitten, wird außerordentlich groß sein. Man kann etwa annehmen, dass ¾ von den sämtlichen Vorräten, größtenteils ohne

Bezahlung, daraufgegangen sind und nur ¼ noch übrig geblieben ist. Bloß am ersten Nachmittag und Abend gingen 200 Flaschen Wein drauf. Die Geschw. Pemsels und der Br. Peter Happich waren von der vielen Arbeit, dem langen Wachen und dem vielfältigen Schrecken und Angst zuletzt ganz schwach, und die Füße wurden ihnen von dem beständigen Laufen und Stehen wund. Man konnte sie nicht ohne das innigste Mitleid ansehen. Andere Häuser konnten für gewöhnlich zugeschlossen gehalten und die Haustüren verrammelt werden; im Gemein-Logis aber, als einem öffentlichen Gasthofe, musste die Türe für gewöhnlich offen sein. Auch den darin befindlichen Laden konnte man nicht immer zuschließen; daher er öfters so voll war, dass niemand mehr hinein konnte. Ein desto größeres Wunder ist es, dass man bei alledem nicht bemerkt hat, dass darin etwas eigenmächtig genommen worden, und eine eben so große Bewahrung ist es, dass in die Bier- und Weinkeller keine Soldaten eingedrungen sind, besonders in den einen unter dem neuen Familienhause, dessen Eingang außen an der Straße ist. Von Wäsche und vorzüglich von Küchengeschirr und auch einiges von Silber ist weggenommen worden. – Von der Apotheke habe ich schon angeführt, wie es in derselben zugegangen ist. – Der Gemeinladen ist verhältnismäßig am meisten verschont geblieben, wofür unserm lieben Herrn ein besonderer Dank gebührt. Er hat außer dem, dass er der oft sehr starken Einquartierung und andern, die des Tags über zum Frühstücken oder Speisen hinkamen, reichlich mit Essen und Wein ohne Bezahlung aufwarten musste, keinen beträchtlichen Verlust erlitten. Nur beim ersten Einmarsch der französischen Truppen, ehe die Sauve Garde ankam, hatten sich mehrere Waren geben lassen und die Bezahlung dafür mit dem Bedeuten verweigert, dass es der König von Preußen schon bezahlen werde. Nachher wurde der Laden immer fest verschlossen gehalten. Die Schw. Göttling, deren Mann noch auf der Leipziger Messe war, war sehr aktiv und wusste sich in den Umständen sehr gut zu benehmen. Der Verkauf geschah von ihrer Wohnstube im Vorhause des Gemeinhauses auf der Brüderseite. Der Br. Uttendörfer aus der Anstalt war zur Hilfe da. – Das Witwenhaus, wo etliche Brüder zur Hilfe waren, ist Gott Lob! vor Plünderung beschützt geblieben. Die Beköstigung der sehr starken Einquartierung, welche jedoch was das Logieren betrifft, das Brüderhaus demselben abnahm, ist ihm aber sehr schwer gefallen. (Der Herr Amtmann sagte mir hinterher, dass die französischen Generale hartnäckig darauf bestanden wären, die Witwen sollten zu den Nonnen ziehen, damit sie ihr ganzes Haus für die Truppen bekommen könnten.) Einmal waren 2 Soldaten durch den Garten zu dem Schweinstall gedrungen und wollten die zwei Schweine herausholen. Kaum erfährt dieses die Schw. Neissern , als sie unerschrocken zu ihnen eilt und sie durch Bitten (sei spricht nämlich Französisch) zu bewegen sucht, die alten armen Mütter, deren einziges Vieh dieses sei, dessen nicht zu berauben. Zu ihrem Glücke geht eben einer, der ein Offizier sein mochte, am Garten hin, den sie um Beistand anspricht, welchen er ihr auch nicht versagt, die Leute abweiset und die Schweine an einen mehr verborgenen Ort zu bringen anrät; wofür er aber auch einen Labetrunk von Wein begehrt, sich jedoch, da dieser nicht im Hause ist, mit Bier begnügt. – Dem Schwesternhause hatte auch das Brüderhaus das Logieren der Einquartierung abgenommen, wofür dasselbe sehr dankbar war, und gern die Beköstigung dahin schickte. Außer diesen Unkosten aber hat dasselbe noch viel erlitten. Über die Wiese hinter der Tabaksfabrik, wo viele Lagerfeuer brannten, und durch den Garten, dessen oberer neuer Zaun meist zerstört worden war, drang viel Volk in den Hof. Sieben junge Schweine wurden weggenommen, zu großem Glücke aber die älteren und die Kühe erhalten. Einige Soldaten waren bemüht, die Kellertüren aufzubrechen, wodurch, wenn's ihnen gelungen wäre, ein unübersehbarer Verlust und großer Mangel für die Schwestern entstanden sein würde. Sie wurden aber noch verjagt. Übrigens war dieses Haus ein Asyl für manche geängstigte Frau im Orte, die ihre Zuflucht für eine Weile dahin nahm, um eine Erholungsstunde zu haben, hauptsächlich aber für viele Kinder, die dahin geflüchtet und mit teilnehmenden Mitleid liebreich aufgenommen und gepflegt wurden. Der liebe Heiland vergelte den Schwestern dieses, so wie auch die herzliche Bereitwilligkeit, womit den Familien, welche Hilfe nötig hatten, mit Schwestern ausgeholfen wurde. – Einen gleichen Wunsch muss ich fürs Brüderhaus tun, welches dem ganzen Orte so viele Dienste erwiesen, und, außer dem ihrigen, so viel Schweres für andere auf sich genommen, um diesen die Last zu erleichtern, dass wir's den Brüdern nicht genug verdanken können. Viele Brüder waren mit der uneigennützigsten Willigkeit in die Familien abgegeben worden, und dennoch übernahm man, bei eigner äußerst starken Einquartierung, das Logieren der

Brüderhaus

Gemeinhaus mit dem Versammlungssaal

dem Witwen- und Schwesternhause zugeschriebenen Mannschaft, wodurch freilich, - da außer den Zimmern, welche Generale innehatten, der Chor- und Speisesaal, die Küchenstube und mehrere andere Stuben angefüllt waren, - viel Arbeit, Mühe und Not entstand, welcher sie sich aber willig unterzogen, wobei die meisten mehrere Nächte hintereinander an keinen Schlaf denken konnten. Br. Schärf kam einmal zu Geschw. Rislers und bat, dass sie ihm doch ein Plätzchen vergönnen möchten, wo er eine Stunde schlafen könnte; er hatte aber noch nicht lang geruht, als er schon wieder abgerufen wurde. Hätte es noch länger gedauert, so würde es für die Brüder nicht auszuhalten gewesen sein, und viele wurden von der allzu häufigen Arbeit und dem langen Wachen schon ganz matt und kraftlos. Die Unruhe und Arbeit im Brüderhause war aber auch in diesen Tagen bei so starkem Enlogement so vieler Mannschaft und besonders so hoher Offiziere, die gute und prompte Aufwartung verlangten, außerordentlich groß gewesen. Kaum hatten öfters Generale und Adjutanten mit ihrer zahlreichen Bedienung das Haus verlassen, so wurde ihre Stelle schon wieder durch andere Offiziere oder sonst zur Armee gehörende vornehme Personen ersetzt. Was für Unkosten dieses alles verursachte, kann man sich leicht denken. An dem einen Abend mussten über 100 Personen teils im Hause gespeist werden, teils wurde ihnen das Essen zum Schloss und aufs

Feld gebracht. Alles dieses aber übertrifft der Verlust, den das Brüderhaus dadurch erlitt, dass die Scheunen, worin die ganze diesjährige Ernte befindlich war, beinahe gänzlich ausgeräumt, ein Schwein weggenommen und die 2 besten Ochsen zum Vorspann requiriert wurden, welche nicht wieder kamen. Wegen des Br. Rosecke, der als Knecht mitgegangen war, befanden wir uns viele Tage in der größten Verlegenheit, weil man an seiner Rückkehr zu zweifeln anfing. Endlich langte er, nachdem er bis hinter Gera mitgenommen worden und die Ochsen hatte im Stiche lassen müssen, doch wieder glücklich an, und war noch auf dem Rückwege von einem Soldaten, der ihm die Stiefel nehmen wollte, die er jedoch noch behielt, durchgeprügelt worden. – Auch hat das Brüderhaus und die Fabrik durch die Plünderung einer Kiste, welche von Leipzig zurück kam, einen sehr beträchtlichen Verlust erlitten, der allein wohl an 500 rth.[18] reichen mag. – Die Generale, unter denen aus öffentlichen Blättern bekannte, z.B. Oudinot, Frére, La Salle etc. waren, suchten sich immer selbst die Zimmer, welche ihnen am gelegensten schienen, zum Logis aus, doch hatten sie so viel regard[19] vor Br. Brey, als directeur des Hauses, dass keiner die Vorsteherstube, in welche er gezogen war, einnehmen wollte, sobald er sagte, dass das sein Zimmer sei. Nur einige Mal wurde von einer großen Anzahl darin gespeiset und gefrühstückt; und bei einer solchen Gelegenheit geschah es, dass Br. Burckhardts Taschenuhr, welche man in der Verwirrung zu verbergen vergessen hatte, entwendet wurde. Br. Burckhardt ist überhaupt, ob er gleich nicht zu Hause war, auch für seine Person stark mitgenommen worden; indem er auch in vorerwähnter Messkiste an Waren für ca. 30 rth. einbüßte, welche er für eigne Rechnung darin hatte. – Der Wäscher, Br. Weingärtner, verlor sein bestes Kleid, einen silbernen Esslöffel etc. , da in seiner Abwesenheit seine im Hinterhause befindliche Stube erbrochen wurde. – Dem Br. Brey wurde an Wäsche einiges genommen etc. – Den Verlust, den die Brüder-Chor-Diaconie ins Ganze erlitten hat, kann wohl auf 2000 rth. gerechnet werden. – Eine große Einbuße litten beinahe alle Geschwister und Chor-Häuser dadurch, dass nicht nur diese Tage hindurch alle Professionen liegen bleiben mussten, sondern, dass sich auch in der folgenden Zeit wenig Arbeit und Verdienst fand. –

---

[18] Reichsthaler
[19] Achtung, Respekt

42

Nun fahre ich fort in der Erzählung der Begebenheiten in den folgenden Tagen:

Mittwoch 15 Oct. Br. Lachenal hatte in vergangener Nacht einen Stabs-Chirurgus zur Einquartierung gehabt, und im Brüderhause waren mehrere vom Gefolge des Staats-Secretaires Mares, der mit dem Kaiser hier war, gewesen, welche unsre Herrschaft mit dem Bedeuten empfohlen hatte, dass man es gut mit ihnen machen möchte, weil ihr Herr, der ein sehr gefälliger Mann sei, versprochen habe, sich beim Kaiser zu verwenden, dass Ebersdorf dasjenige ersetzt bekommen solle, was es eingebüßt habe. Solche Versprechen gehen nur leider selten in Erfüllung! Diese Herren, die im Brüderhause übernachteten, waren ebenfalls sehr bescheiden und dankbar für alles, was ihnen gereicht wurde, und wollten durchaus bezahlen. – Als ich vormittags vom Herrn Hof-Medicus L. Wolter erfuhr, dass heute wieder Einquartierung kommen würde, so holte ich mir im Amte, das gegenwärtig seine Expedition in des Hofschneiders Plettners Hause, dem Schlosse gegenüber, hat, darüber eine Erklärung. Der Commandant de la place wollte nämlich, da die umliegenden Orte den unsrigen wegen der Befreiung von der Einquartierung zu beneiden anfangen, doch einmal eine kleine Anzahl annehmen, zumal es Kaiserliche Garden waren, die heute ankommen sollten. Ich zeigte es nun in dem oberen Teil des Orts den Geschwistern an und Br. Scheerer im untern, damit sie sich wegen der Beköstigung zu Mittag rüsten könnten, weil die Truppen von Steinwiesen kamen, und also um 1 oder 2 Uhr eintreffen konnten. Wir bekamen einen Colonel mit Bedienten, die auch um ½ 2 anlangten. – Die untere Stube war in Eil aufgeräumt und zurecht gemacht worden. Als er hineinkam, sagte es: „Das ist kein Zimmer für einen Obersten." Wir boten ihm sogleich unser eigenes Wohnzimmer an, und luden ihn ein, mit uns herauf zu kommen. Das tat er, sah sich dasselbe an, war aber doch so bescheiden, dieses nicht anzunehmen, sondern begnügte sich nun mit dem unteren; aber das Essen konnte nicht schleunig genug aufgetragen werden, welches er sich dann recht gut schmecken ließ. Der Bediente, ein Tuchmacher aus Limburg, war kein Soldat, und erst zehn Tage bei dem Obersten, den er als einen guten Mann lobte. Er war sehr begnügsam und verlangte nichts, als Kartoffeln und Kaffee, nur bat er um etwas Rauchtabak, den er gern erhielt. Der Colonel redete mich lateinisch an, und so konnten wir einander besser verständlich machen, als durchs französische, welches sie gar zu geschwind sprachen. Er bestimmte 8 Uhr zum

Abendessen und bestellte gebratene Kartoffeln und Gemüse. Zum Schlafen begehrte er ein anderes Zimmer; dass ihm auch an unserm hintern Küchenstübchen eingeräumt und alles bestmöglichst zugerichtet wurde. Doch erlaubte er, dass unsere Sauve Garde in seiner Schlafstube schlafen dürfe, sonst wären wir auch ihretwegen in Verlegenheit gekommen. Abends verlangte er eine Karte von Sachsen zu kaufen; ich überließ ihm meine auf Leinwand aufgezogene. Er fragte nur nach dem Wege nach Berlin. Um 9 Uhr, nachdem er viel geschrieben hatte, begab er sich zur Ruhe. – In der Nacht war Feuer in Kühnsdorf, ohnweit Saalburg, welches in Brand gesteckt worden ist, weil etliche Soldaten von den Bauern erschlagen worden sind. – Heute den ganzen Tag soll man es auf den Anhöhen um den Ort noch immer fort kanonieren gehört haben.

Donnerstag 16 Oct. Früh dachten wir gleich beim Aufstehen nach einer ruhigen Nacht unsres heutigen Gemeinfestes, und freuten uns der schönen Losungen zu demselben; feierten übrigens diesen Tag in der Stille. - Unser Colonel wollte zum Frühstück um ½ 8 Uhr keinen Kaffee, sondern Bouillon und ein Stück Fleisch, nebst einigen Gläsern Wein haben. Da er aber gespeist hatte, forderte er dennoch Kaffee, welchen er mit vielem Zucker und Branntwein, statt Rahm trank, wie er auch gestern Nachmittag getan hatte. Um 8 Uhr schritt er fort. – Es haben diesmal nicht alle Geschwister Einquartierung gehabt. Im Brüderhause hatten sie viele Pferde; Geschw. Rislers hatten 2 Lieutenants und Geschw. Garve einen Obersten. Doctors hatten auch einen Colonel und 3 Bedienten etc. – Der Vormittag war ruhig und es passierte nicht viel durch. Ich schaffte noch etwas Wein und Franzbranntwein herbei zum Vorrat, und schrieb an diesem Aufsatz, wozu ich die Zeit her nicht oft, und wie man es ihm ansehen wird mit viel Unterbrechung kam. – Mit unsrer Sauve Garde hatten wir gestern einen unangenehmen Auftritt. Doctors beköstigen sie zu Mittag und wir das Abends. Nun schickten erstere ihm gestern Bouillon, Fleisch und Möhren, da sie selbst bloß Kartoffeln speisten. Das ist Essen für ein Schwein, sagte er und nahms nicht an; ging fort und beklagte sich. Wir beschwerten uns auch, und bekamen zur Antwort, dass wir ihn, zumal es ein Unteroffizier sei, lieber mit uns am Tische essen lassen möchten, damit er nicht denken könne, dass wir bessere Speisen hätten, als er bekäme. Das geschah dann auch gestern Abend und er erschien sehr content[20]. Heute Mittag speiste er mit Doctors. Nachher aber äußerte er doch wieder den Wunsch, lieber allein essen zu wollen, worin ihm denn auch gewillfahrt wurde. Wahrscheinlich mochte es ihn genieren, zu sehen, dass weder Doctors noch wir Wein trinken, und dieser nur allein ihm vorgesetzt wurde. - Unsre Ludchen war gestern von einer Diarrhöe mit Leibschneiden befallen worden, wogegen ihr heute, da es von selbst nicht nachlassen wollte, einige von Doctor verordnete Mittel gute Wirkung taten; doch hatte sie abends etwas Fieber. – Nachmittags hatten Geschw. Rislers uns, nebst Geschw. Garves und Br. Brey zu sich zum Kaffee gebeten; da aber Milch und Rahm gegenwärtig so rar ist, dass man diese Artikel beinahe gar nicht bekommen kann, so brachten wir unsern Teil dazu selbst mit. Wir erinnerten uns des Gemeinfestes in Neuwied, und des heutigen Jubel-Einzugs-Festes der ledigen Schwestern in Herrnhut, und bedauerten, dass wir diesen Tag so ganz ungefeiert lassen mussten. Übrigens unterhielten wir uns, wie man leicht denken kann, viel von den allerseits in den vergangenen Tagen gemachten Erfahrungen. – Es war heute ins ganze ein sehr ruhiger Tag, obgleich von Zeit zu Zeit Wagen mit einiger Mannschaft, als Begleitung, durchgingen. Rückwärts passierten ungefähr 80 Sächsische und Preußische Gefangene, auch einige Blessierte durch. – Unser Unteroffizier kam nicht zum Abendessen, auch nicht zum Schlafen, weil er die Wache im Schlosse hatte. – Abends besuchten uns Doct. Sörensens. Sie erzählten uns, was sie von der Lobensteiner Herrschaft, mit welcher zu sprechen sie heute Gelegenheit gehabt, von ihren Erfahrungen gehört hatten. Sie haben sehr stark gelitten und leiden noch immer durch die beständig fortdauernde häufige Einquartierung, wobei Exesse nicht ausbleiben. Der Fürst musste einige Mal durch schleunige Herbeischaffung von Schlachtvieh aus seinen Vorwerken die gedrohte Anzündung der Stadt abwehren. Auch viel Geld hat er bar zahlen müssen. Um Mehl herbei zu schaffen ging er, da das Getreide auf die Mühle geschafft wurde, selbst mit; aber vor seinen Augen wurde es geraubt. – Unsre gute Herrschaft hat alle ihre Pferde bis auf 3 eingebüßt; und von Victualien und Wein ist eine unbeschreibliche Menge draufgegangen. Von den mitgenommenen Pferden sind jedoch in der Folge mehrere zurückgekommen. Das schöne Reitpferd unserer Fürstin, welches sie sehr liebte, war auch requiriert worden; als man jedoch vernahm, dass es ihr gehöre, wurde es

---

[20] von Contenance – Haltung, Fassung

zurückgeführt. Sobald aber die edle Fürstin dieses erfuhr, gab sie es dennoch frei, mit der Äußerung, sie wolle sich nicht von der Teilnahme am allgemeinen Schicksale ausschließen. – Gestern gegen Mittag in der größten Verwirrung wegen der angesagten Einquartierung, da ich den ganzen Vormittag beinahe nie zu Hause war, wurden uns noch 2 und Doctors ebenso viel Offiziere angemeldet, denen wir ein Wein-Frühstück reichen oder im Gasthof geben lassen möchten. Da es bei Doctors und uns alle Hände voll zu tun gab, so wurden sie gern an Br. Pemsel zur Besorgung überlassen. Heute vernahmen wir, dass statt 4, zehn Personen gekommen wären und auf unsre Rechnung gelebt hätten, wobei an 12 Flaschen Wein geleert worden waren. Es ist aber hinterher eine Einrichtung getroffen worden, dass dieses nicht uns zur Last fiel.

Freitag 17 Oct. Unser Ludchen weckte mich nach 4 Uhr und klagte über unerträgliche Leibschmerzen. Da sie nicht nachlassen wollten, stand ich gegen 5 Uhr auf, machte Feuer und weckte unsre Friederike, die ihr Kamillentee wärmte; nach dessen Genuss sie doch wieder einschlief. Zum Glück erwachte meine liebe Frau nicht, welche es bei ihrer Schwächlichkeit gleich den ganzen Tag zu empfinden hat, wenn sie in der Nachtruhe gestört wird, da sie nicht leicht wieder einschlafen kann. Ich benutzte die dadurch gewonnene Zeit, an diesem Aufsatz zu schreiben. - Um ½ 7 kam unser Moine von der Wache, um zu frühstücken, musste aber gleich wieder fort, weil die Wache bis 10 Uhr vormittags dauert. – Man hörte, dass heute wieder Einquartierung kommen werde, und zwar von der Bedeckung der Kriegskasse. Br. Garve, dem ein Captain, eine Ordonanz und ein Bedienter, nebst 3 Pferden, angesagt war, kam um 12 Uhr zu mir, weil er die Pferde bei sich nicht unterzubringen wusste, und die Ordonanz, die zuletzt kam, darauf bestand, dieselben an keinem andern Orte zu haben. Wir gingen miteinander zum Herrn Hofrat und ins Amt; es ließ sich aber nicht abändern, und es wurde ihm geraten, den Soldaten zum Kommandanten zu schicken, wenn er sich nicht dazu bequemen wolle, die Pferde entfernt von seinem Quartier zu haben. Ich sah aus der Liste, dass wir heute verschont bleiben sollten. Ein Uhr war's, als ich zum Essen kam. – Gleich nach Tische kam der Schulz mit der Bitte, ihm 4 Brüder zur Hilfe beim Heu binden zu verschaffen. Sogleich schickte ich unsern Br. Schweicklen, und aus dem Brüderhause wurden die übrigen gegeben. Gegen die Dämmerung ging ich mit Br. Sörensen zum kranken Herrn Amtmann, dem wir unsre

Teilnahme bezeigen wollten. Er liegt noch im Schlosse; und wir fanden ihn ganz munter auf dem Bette sitzend. Er unterhielt sich lange mit uns recht lebhaft. Zwei Tage lang hatte er nichts von sich gewusst. – Die Schw. Friederike Schlegeln hatte mich ersucht, ihr vom Kommandanten die Erlaubnis auszuwirken, einen von ihren Sauves Gardes morgen früh mit einem Wagen in die Zoppotener Mühle schicken zu dürfen, um ihr Mehl zu holen, da der Müller das Getreide glücklicherweise an einem verborgenen Orte ihnen erhalten hatte; auch der Witwen ihres hatte er versteckt, es war aber entdeckt und weggenommen worden. Der Herr Hofrat besorgte mir mein Anliegen, ich erfuhr aber zugleich von ihm, dass noch 50 Mann kommen würden, die heute untergebracht werden sollten; da war leicht zu vermuten, dass wir nicht leer ausgehen würden, und späterhin wurden wir von Dr. Sörensen benachrichtigt, dass wir auch einen Mann bekommen würden. Unser Sauve Garde hatte Kopfschmerzen und ging sehr zeitig zu Bett. – Während des Abendessens verursachte uns die Ludchen einen großen Schreck, da sie Krämpfe bekam, die ihr den Atem versetzten. Der Doctor, zu dem wir in der Angst gleich unsre Zuflucht nahmen, verordnete einige Mittel, die auch gute Wirkung taten, doch hielten die Krämpfe ziemlich lange an. – Das griff die Mutter mehr an, als alle vorherige Not. – Abends war wieder einmal ein erstaunlicher Lärm auf den Straßen. – Doctors bekamen einen Offizier, namens Podex, und seinen Bedienten. – Auf unsre Einquartierung mussten wir lang warten; erst um 9 Uhr kam dieselbe und zwar 2 Mann. Einer war ziemlich rauh, der andere aber gutmütig. Wir speisten sie, so gut wir konnten, mit Suppe, Fleisch, gebratenen Kartoffeln und Bier, mussten auch noch mit einem Schnaps herausrücken. Zum Schlafen gingen sie Gott Lob! in den Stall im ehemaligen Trockenhause.

Sonnabend 18 Oct. Der Heiland hatte uns eine ruhige Nacht geschenkt, auch die Ludchen hatte sanft geschlafen und war heute wieder munter. – Vormittags kamen sehr viele Preußische Kriegsgefangene hier durch von Jena etc. her. Die armen Leute waren sehr matt und hungrig und baten hie und da um ein Stück Brot, das ihnen auch gern gereicht wurde. Die Offiziere hatten Erlaubnis, in die Häuser zu gehen und sich Wein und andere Bedürfnisse zu kaufen. Im Gemein-Logis war unter andern der General von Stanitz aus Frankenstein, der darum bat, dass man durch den Bischof in Gnadenfrei, mit dem er gut bekannt sei, seiner Gemahlin wissen lassen möchte, dass er bei Jena gefangen worden und fürs erste nach Frankfurt am Main geführt werden würde, und dass er nicht verwundet worden, sondern sich ganz wohl befinde, wobei er wünsche, von seinem Sohne, der auch bei der Armee ist, Nachricht zu erhalten. – Zu uns kam auch ein junger Herr von etwa 16 bis 17 Jahren, der um ein Glas Wasser bat; es wurde ihm Bier, Brot und Fleisch gereicht, wofür er sehr dankbar war. Er wünschte auch, dass seiner Mutter Nachricht von seinem Wohlbefinden und von der Verwundung seines Vaters (der auch hier im Orte war) an der Hand, möchte gegeben werden. Seinen Namen aber hatten unsre Dienstschwestern vergessen (ich war abwesend); Barrsky glaubten sie, habe er geheißen; und soll eine Schwester in Herrnhut haben, und er selbst in Polen erzogen worden sein. – Im Laden war ein junger Herr v. Döring, der in der Gnadenfelder Anstalt erzogen worden ist und sich gleich nach Br. Burckhardt erkundigte. Auch war ein Herr von Eberhardt aus Bunzlau, der ebenfalls in Gnadenfeld erzogen worden, darunter, so wie mehrere, die in Gnadau bekannt waren. Die Offiziere kauften Hemden, Schnupftücher und Handschuhe, woran sie großen Mangel litten. Es ging aber alles sehr in Eile – kaum waren sie zum Ort hinaus, als die Brüder Burckhardt, Göttling und Carl Hübner, die in Leipzig auf der Messe gewesen waren, ankamen. Sie waren heute vor 8 Tagen von Leipzig ausgereiset, hatten sich, da sie bei Langenberg, wo eben die Sächsische Bagage überfallen wurde, nicht durchkonnten, 4 Tage bei Br. Gentsch in Meuselwitz aufgehalten, und waren dann über Altenburg, Werda, Greitz, Mühltroff, Tanna und Haueisen hergekommen. Sie haben keine Not gehabt und sind nirgends angehalten worden. – Nachmittags tranken wir Kaffee bei Geschw. Göttlings, auf seine Einladung, weil er wegen Wiedereröffnung des Ladens mit mir Abrede nehmen wollte. Nachher ging er mit mir zum Herrn Hofrat, der auch dafür war, den Laden wieder zu eröffnen, nur müsste sich die Sauve Garde immer bei der Türe aufhalten. Es wurde jedoch hernach für gut gefunden, den Laden noch eine Woche lang verschlossen zu halten. – Nachher besuchte mich Br. Burckhardt, dem ich von den hiesigen Begebenheiten während seiner Abwesenheit erzählte.

Sonntag 19 Oct. Um 9 Uhr kam die Ältesten-Conferenz zusammen, um zu überlegen, ob wir nicht heute, nach dem Wunsche mehrerer Geschwister, eine Versammlung haben könnten; allein, da es hieß, das heute 16 000 Mann Bayern durchkommen würden, so glaubte man, dass wenige sich von ihren

Häusern zu entfernen wagen würden; und man wollte damit noch warten, bis es noch ruhiger wäre. Es kamen auch vormittags 2000 Mann in einzelnen Trupps durch; nachmittags aber fast gar keine. – Br. Risler sowohl als ich versuchte heute über Eger und Prag nach Herrnhut zu schreiben, weil der gewöhnliche Weg noch nicht offen ist. – Vor dem Mittagessen durchzog ich mit Br. Menz, auf Ansuchen von Seiten des Amts, die meisten Holzschuppen etc. im Orte, um nachzusehen, wo und wie viel Pferde man im Notfall in unsrem Orte unterbringen kann. Der Gemein-Wagenschuppen wurde auch zu einem Pferdestall bestimmt, und die 2 darin befindlichen Wagen sollten anderwärts untergebracht werden. Schon vor einigen Tagen war das Spritzenhaus zu einem Pferdestall eingerichtet worden und die Spritze hatte ihren Platz in der Scheune des Schwesternhauses bekommen. – Es ist allenfalls für etliche und 80 Pferde Platz. – Über der Geschichte kamen wir erst um 1 Uhr zum Essen. – Zu Mittag kam Br. Nitschmann von der Leipziger Messe und zwar zu Fuße zurück. Er konnte nicht beschreiben, welchen Jammer er unterwegs angetroffen. Von Ebersdorf hatte er schon schlimme Gerüchte gehört und erst in Gera deren Ungrund erfahren. Er weinte Freudentränen, als er in sein Haus trat, und dasselbe, so wie seine Familie wohlbehalten wiederfand. – In der Dämmerung ging Br. Burckhardt mit mir und Br. Menz zum Herrn Amtmann, um ihm wegen Unterbringung der Pferde Nachricht zu erteilen. Wir fanden ihn eben wieder in seinem Haus angekommen, aber durch den Transport aus dem Schlosse dahin sehr angegriffen und ziemlich schwach. Er gab uns manchen guten Rat. – Gestern Abend hatte ich etwas Catarrh bekommen, und heute Abend kam ein starker Schnupfen dazu.

Montag 20 Oct. Heute erfolgten wieder viele Durchzüge, hauptsächlich Darmstädter Truppen mit vorzüglich schöner Musik. Sie zogen aber in vielen Abteilungen; auch ging vormittags einmal eine Anzahl Preußischer Gefangener durch nach dem Bambergischen. – Unter den Darmstädter Truppen befand sich ein Sohn der Geschw. Riegelmanns in Herrnhut, der sich bei der Schw. Beyern nach seinen Eltern erkundigte, und äußerte, dass er nichts mehr wünsche, als nur noch einmal nach Herrnhut zu kommen. – In der elften Stunde gingen Br. Burckhardt und ich zu unserer gnädigen Fürstin, welche gern Nachrichten von seiner Reise hören wollte. Sie unterhielt sich lange mit uns sehr freundschaftlich. Ihr Gemahl kann sich bei den Umständen von seiner

Krankheit gar nicht erholen. – Mittags hatten wir wieder Verdruss mit unsrer Sauve Garde, die schon vormittags, auf vorher geschehene Anmeldung, einen andern Soldaten zu einem zweiten Frühstück mitgebracht hatte, wobei es schon Unzufriedenheit gab, dass sie nicht Wein genug bekamen. Zu Mittag verlangte er nun auch mehr Wein, als er bisher erhalten, und war mit dem Essen nicht zufrieden. – Nachmittags waren die Brüder der Ältesten-Conferenz, wie montags gewöhnlich, im Brüderhause beisammen, und unterdessen waren die Schwestern Risler und Garve bei meiner Frau; erstere, die sehr gut französisch spricht, redete mit unserm Corporal, der sich erklärte, dass er nicht gern bei uns sei, weil er zwei Häuser zu besorgen habe. – Um 3 Uhr ging der Doctor mit mir zum Herrn Hof-Medicus, der jetzt einer der aktiven Männer im Amte, oder wie es nun heißt, in der Municipalität, ist, - der uns manche gute Dienste leistet, um ihm unsre Not zu klagen und zu bitten, dass unser Sauve Garde mit einer anderen vertauscht werden möchte. Er soll morgen oder übermorgen darauf angetragen werden. – Man hörte von einer großen Schlacht, worin die Preußische Armee ganz vernichtet, der Herzog von Braunschweig und Prinz Hohenlohe geblieben, und der König und General Suchel verwundet worden sein sollte. – In Lobenstein soll ein Lazarett angelegt werden, und dazu ist, wie es heißt, von Ebersdorf requiriert worden: 200 Betten, 200 Schüsseln und Töpfe, 200 Nachtgeschirre, viele Nachtstühle, eine große Quantität Charpie, eine Kiste mit Amputationsinstrumenten, und täglich 200 rth. an Geld und 200 Flaschen Wein.

Da der Kaiser unser Land von allen Requisitionen freigesprochen hat, so soll dagegen Vorstellung getan worden sein. – Abends wurde mein Catarrh heftiger und ich fühlte mich ziemlich unpaß; da war mirs angenehm, dass Doctors und die Brüder Burckhardt und Spielwerg uns besuchten. – Es verbreitete sich heute die Nachricht, dass die Kaiserin Josephine, die sich schon mehrere Tage in Bamberg befinden soll, (welches jedoch unrichtig war) auch hierher kommen würde, und zwar mit 15 000 Mann Bedeckung. Das würde wieder eine neue große Not verursachen. – Der erste Kommandant unsres Orts Lauberdiere ist nur 2 Tage hier geblieben; dann kam ein anderer, und gegenwärtig ist's der Oberste Bauermann, ein Elsasser, der gut Deutsch spricht und ein ebenso biederer und freundschaftlich gesinnter Herr ist, als der General-Adjutant Lauberdiere war.

Man hat vernommen, dass er zu erfahren wünsche, wenn bei uns ein Liebesmahl sei, weil er demselben gern beiwohnen wolle. Das geschieht nun nicht vor dem 13ten November.

Dienstag 21 Oct. Ein kalter Morgen; das Fahrenheitische Thermometer stand auf 20 Grad.[21] Da mein Catarrh ziemlich heftig war, so hielt ich mich heute gänzlich inne. Es kam auch nichts vor, dass mich genötigt hätte auszugehen und ich konnte wieder einmal ungestört arbeiten. Nachmittags kamen wohl an 1000 Preußische Kriegsgefangene hier durch.

Mittwoch 22 Oct. Es hatte in der Nacht geregnet und war sehr stürmisch. Daher wollte ich, wo möglich heute wieder zu Hause bleiben; allein unter dem Mittagessen kam der Herr Kammerschreiber Klein mit der Anzeige, dass es nicht möglich gewesen sei, die Anlegung eines Lazaretts in Lobenstein abzuwenden, und dass dazu von hier mancherlei, - doch bei weitem nicht so viel, als das Gerücht gesagt hatte, und nichts von Geld und Wein – requiriert worden sei. Das meiste könne von Seiten der Herrschaft und des Dorfes zusammen gebracht werden, nur 3 Stücke, wünsche man, möchte die Brüdergemeine als freiwilligen Beitrag dazu liefern, nämlich einen Chaudiére von Kupfer und zwei eiserne oder kupferne Fleischtöpfe. Das erstere wusste er mir nicht recht zu erklären, es ist eben auch eine große Pfanne oder Kessel. Ich ging sogleich aus, um dergleichen aufzutreiben, und war so glücklich mehreres zu bekommen, so dass ich auswählen konnte. Ich schickte dann einen großen kupfernen Kessel, und einen kupfernen und einen eisernen Groppen ins Schloss, behielt mir aber das Eigentumsrecht daran vor, wenn das Lazarett wieder aufgehoben werden sollte. – Mit unserer Sauve Garde hatten wir heute einen harten Stand. Da wir unsre erste, den Piemonteser, gern wieder gehabt hätten, so war Br. Schweicklen, der ihn unter den übrigen ausfinden zu können behauptete, da wir seinen Namen nicht wussten, heute Vormittag zum Herrn Kommandanten gegangen, und dieser hatte gern in den Tausch gewilligt. Unser Corporal aber, der doch wohl lieber bei uns, als im Dorfe sein mochte, wurde sehr aufgebracht und kam nicht eher wieder, als Nachmittags um 3 Uhr, da er den Br. Schweicklen zu schlagen drohte, weil er ihn beim Kommandanten verklagt hätte. Doch ließ er sich bald besänftigen, und

---

[21] etwa −7°C

versprach sich's künftig gefallen zu lassen, die Aufsicht über 2 Häuser zu haben, auch mit der Beköstigung zufrieden zu sein. Diese Versprechen hat er auch gehalten, und als ihm nach der Zeit vom Herrn Hof-Medicus ein annehmlicher Tausch angeboten wurde, so schlug er ihn aus, mit der Äußerung, er sei mit seinen Leuten zufrieden und sie mit ihm. Wir hatten ihn von Anfang an folgendermaßen gehalten, und fuhren damit auch ferner fort, und glauben, dass er damit zufrieden sein kann: Des Morgens Frühstück mit Kaffee und Semmeln, vormittags ein zweites Frühstück von Branntwein, mit Brot und Käse. Zu Mittag ein gutes Essen (Suppe, Fleisch oder Braten und Gemüse) und ein Glas Wein. Nachmittags Kaffee mit Bäckerware, und beim Abendessen wieder ein Glas Wein. Nur Sonntags bekommt er mittags und abends zwei Gläser Wein, welches er sich von vornherein ausdrücklich ausgebeten hat. An den Orten, wo Wein verkauft wird, musste freilich den Sauves Gardes mehr Wein gegeben werden, aber andere begnügten sich auch bloß mit Bier. Wir suchten so das Mittel zu halten. Da unserm öfters die Zeit lang wähnte, so gab ich ihm einige Bücher zu lesen, als: Charles XII von Voltaire, Gedickes französisches Lesebuch, ein paar Teile von Rollins histoire ancienne und einen Teil von Oswalds Predigten. Ob er letztere aber benutzt hat, weiß ich nicht. – Seinem Kaiser war er ganz und gar ergeben, und er konnte den Tag kaum erwarten, an welchem er nach Berlin ihm nachziehen würde. – Ich war froh und dankbar, dass sich der Verdruss mit ihm so bald geendigt hatte, weil ich mehrere Unannehmlichkeiten besorgte. – Heute gegen Abend ließ der Kommandant ansagen, dass man die Türen und Fenster heute Abend und in der Nacht wohl verwahren möchte, weil sich marodeurs in der Gegend befänden, von welchen Unfug zu besorgen sei. Es sollte heute Abend um 7 Uhr eine Versammlung gehalten werden; auf diese Nachricht aber fiel sie aus. – Br. Schweicklen beschloss die Nacht zu wachen, zumal unser Corporal die Wache im Schlosse hatte. Es ging aber alles ruhig vorüber, vielleicht weil es bekannt worden war, dass man auf einen Besuch gefasst sei. Dagegen störte uns ein orkanmässiger Sturm im Schlafe, der das neue Trockenhaus im Brüderhausgarten etwas von der Stelle verrückte und im Schwesternhause einige Fensterladen herabwarf.

Donnerstag 23 Oct. Da man hörte, dass das französische Hauptquartier in Halle sei, so waren wir für Barby und Gnadau sehr besorgt, und flehten zum lieben Heiland, Seine Hand auch so über ihnen zu halten, wie er es bei uns getan hat. Unsern lieben Carl empfahlen wir Ihm auch ganz besonders in Seinen Schutz. – Abend bekamen einige Geschwister gefangene Preußische Offiziere zum Übernachten, als: Geschw. Brindeaux, Br. Em. Linder, der Laden und die Apotheke. – Der heutige Bußtag wurde ganz in der Stille begangen.

Freitag 24 Oct. Gleich des Morgens dachten wir segnend unsrer lieben Schwester Suthern zu ihrem heutigen Geburtstage; der liebe Heiland segne sie und die lieben Ihrigen heute auf eine besondere Weise; und lasse das neue Lebensjahr still und ruhig in seinem Frieden vorübergehen! Das ist unser Wunsch für sie. – Nach dem Mittagessen kamen viele Pulverwagen durch, auch vor- und nachher mehrere Soldaten. Es schneite heute ziemlich stark, blieb jedoch nicht liegen.

Sonnabend 25 Oct. In der ersten Stunde nach Mittag gabs Verdruss mit einigen Sauves Gardes im Gemein-Logis, die mehr Wein verlangten, als man für gut hielt, ihnen zu geben, wobei der Br. Peter Happich mehrere Stöße und Schläge bekam, und Br. Pemsel und seine Frau auch nicht ganz leer ausgingen. Doch wurde die Sache bald wieder beigelegt. Der aus dem Witwenhause hatte die Veranlassung gegeben. Dort beträgt er sich immer sehr ordentlich und wirklich freundschaftlich und ist mit allem zufrieden. Als er vor einigen Tagen eine Taube, die er geschossen, sich hatte braten lassen, so verteilte er das meiste davon, und schickte auch der Groß-Mama, wie er die Schw. Neissern nennt, eine Portion. – Jetzt dürfen sie aber nicht mehr schießen. Unser Fürst hat ihnen vor kurzem eine ansehnliche donceur[22] – wobei jeder von den Soldaten 4 Laubthaler bekommen haben soll – austeilen und sie zugleich bitten lassen, dass sie nicht mehr auf die Jagd gehen möchten. – Nachmittags traf ich mit dem Herrn Hofrat Eyring zusammen und machte mit ihm einen Spaziergang durch die Plantage. Der Zaun um die Baumschule ist gänzlich abgebrochen und verbrannt worden. Von Bäumen aber ist nur eine geringe Anzahl Birken in der Nähe des Altans niedergehauen, so wie einige Hütten etwas beschädigt und das Fischerhaus ausgeräumt worden.

---

[22] freiwillige Gabe

Sonntag 26 Oct. Heute wurden unsre Versammlungen mit der Predigt über die heutige Epistel, Eph. 6, 10-17 wieder angefangen. Gesungen wurde Nr. 1010, 1.5.6.7. In dem Gebete vor der Predigt dankte Br. Garve unserem Herrn und Heilande für die Obhut und Bewahrung, die er uns in den Tagen und Stunden der größten Gefahren hat wiederfahren lassen; dann ermunterte er in der Predigt die Zuhörer nach Anleitung des Textes zum festen Vertrauen auf unsern Herrn und Seine Kraft, die Er Seinen Kämpfern verheißen hat. – Da heute wieder zum erstenmal die Ordonanz nach Schleitz ging, so schrieb ich an den lieben Schwager Richter in Herrnhut. – Bald nach der Predigt hatten wir Gelegenheit mit dem Herrn Rat, D. Horn aus Schleitz zu sprechen, der uns von der üblen Lage, worin sich diese Stadt seit dem Einmarsch der französischen Truppen bis jetzt ununterbrochen befindet, erzählte. Er selbst hatte einmal, da 20 000 Mann in der Stadt übernachteten, 3 Generale, 16 Offiziere und so viele Gemeine und Bedienten, dass sie zusammen an 50 Personen ausmachten. An Wäsche, Kleider, Geld, Pretiosen[23] etc. ist ihm ein beträchtliches geraubt worden. – Von unserm Bruder, dem Organisten Ebhardt, der vor kurzen von Greitz nach Schleitz als Stadtorganist und Kammer-Musicus ist vociert worden und eben angezogen war, hörten wir in der Folge, dass er völlig geplündert sei und sich und seine zahlreiche Familie nur durch Verbergen vor körperlichen Beschädigungen hat schützen können. – So vernahmen wir auch späterhin das harte Schicksal, dass der würdige alte Pastor Küttner in Pöhl mit seiner Frau gehabt hat. Nachdem sie nämlich dreimal ausgeplündert worden, so wurde er, mit einem Bauer zusammengebunden, fort getrieben, um ihn zur Anzeige, wo er sein Geld verborgen, zu zwingen. Da er dabei blieb, dass er keins mehr besitze, ließen sie ihn endlich, als er nicht mehr fortkonnte, zurück. Seine gute Frau, welche im vergangenen Sommer ein Bein gebrochen hatte, und erst kürzlich wiederhergestellt worden war, musste, um sich zu retten über die Kirchhofmauer springen, und eine regnige Nacht unter einem Gesträuche auf dem Kirchhofe zubringen, wo sie zum Glück von den überall herumschwärmenden Soldaten nicht entdeckt wurde. Wir fühlten das innigste Mitleid mit diesen von allen, welche sie kennen, verehrten und geliebten Geschwistern, die das erfahrene Unglück um so schwerer empfinden werden, da ihre Einkünfte, so viel ich weiß, nicht sehr reichlich sind. – Mittags ging

---

[23] Schmuck, Geschmeide

wieder ein starker Train Pulverwagen durch und gestern waren viele Blessierte rückwärts gezogen. – Dieser Tage kam der Neudietendorfer Bote, Mungert aus Schönbrunn, welcher mit einem französischen Passe dahin gegangen war, um uns einige Nachricht von daher zu verschaffen, wieder zurück und brachte einen Brief von Br. Krause an Br. Risler mit, worin er meldet, dass sie zwar vom 7. bis 13. Oktober nach und nach 2000 Mann Preußische Truppen in Einquartierung gehabt hätten, aber ins Ganze durch unsern lieben Herrn in Ruhe und Friede auch von Seiten der Französischen Truppen – von denen sie nur einige im Orte gesehen – in den bedenklichen Tagen nach der großen Schlacht bei Auerstädt und Jena und der Übergabe von Erfurt bewahrt worden wären. Dass sie viel Angst in Erwartung der Dinge, die da kommen könnten, ausgestanden haben mögen, lässt sich leicht denken. Indessen sind wir mit ihnen dankbar für die erfahrene gnädige Bewahrung und Verschonung. – In der Gemeinstunde um 5 Uhr erinnerte Br. Risler die Gemeine an die von unsern lieben Herrn und Heiland erfahrene mächtige und gnädige Durchhilfe und Rettung in den Gefahren, Bedrängnissen und Schrecken, die uns umgaben, und ermunterte dieselbe nach Anleitung der schönen Losung des Tages: "Lobet den Herrn, denn der Herr ist freundlich; lobsinget Seinem Namen, denn er ist lieblich", zum herzlichsten Lob und Dank gegen Ihn für Seine an uns erwiesene Barmherzigkeit und Treue, so wie zum steten Ausharren bei Ihm in allen Umständen. Auch ermahnte er, wie angelegentlich unsre teuerste Landesherrschaft in den so drückenden Umständen sich für uns und das ganze Land verwendet, und wie Gott dieselbe als ein Werkzeug in Seiner Hand gebraucht habe, uns von noch größeren Gefahren zu befreien, wofür wir zunächst Ihm, dann aber auch unsrer lieben Landesobrigkeit, welcher Er ihre treue Vorsorge für ihre Untertanen vergelten wolle, den aufrichtigsten und herzlichsten Dank schuldig wären, und denselben durch Liebe, Gehorsam und Treue immerhin beweisen sollten. – In den beiden heutigen Versammlungen waren die Herzen der Geschwister sehr bewegt, und es flossen manche Tränen des Danks und der Liebe gegen unsern treuen Herrn und Heiland.

Montag 27 Oct. Da es jetzt nach und nach immer ruhiger wird, so gaben wir heute den Br. Schweicklen wieder ins Brüderhaus ab; doch wird er noch einige Zeit in unserm Hause schlafen. – In der 9ten Stunde vormittags ging wieder ein ziemlicher Zug Reiter und Fußvolk und Bagage-Wagen durch den Ort. – Um 4

Uhr nachmittags hatten die ledigen Schwestern eine Chorrede zu ihrem heutigen Einzugsfeste. – Mit der Post erhielten wir zu unserer Freude Briefe vom Schwager Richter aus Herrnhut vom 9ten und Br. H.H. Gäblein vom 18ten Oct. Wir sahen daraus das liebereiche Andenken an uns in den Tagen, da wir die größte Not hatten, wofür wir von Herzen dankbar sind. Wir hatten uns dessen auch vielfältig getröstet. So erhielt ich auch Dienstag den 28 Oct. von Br. Benjamin Reichel aus Neuwied ein Schreiben vom 18ten dieses, worin er das Teilnehmen der ganzen lieben Neuwiedschen Gemeine an uns bei den schweren Umständen, die über uns gekommen, meldet, und uns ihres täglichen, ja stündlichen Andenkens und Fürbitte versichert, wobei es uns ganz besonders zur Freude und Beschämung war, dass sie an ihrem und unserm Gemeinfeste, den 16ten Oct., unser in der Frühversammlung in zärtlicher Liebe mit Gebet und Tränen vor dem lieben Herrn gedacht und uns Seinem mächtigen und gnädigen Schutze empfohlen haben. – Da er bat, ihm doch baldigst einige Nachricht von uns zu erteilen, so schrieb ich gleich mit heutiger Post ein paar Zeilen an ihn. – Nachmittags ging ich unter Begleitung des Br. Scheerers nach Lobenstein, wohin ich ein Capitälchen, das zurückgezahlt werden sollte, zu bringen hatte, dessen sichere Aufbewahrung mir während der gefahrvollen Tage (da die Summe zu Anfang derselben schon größtenteils beisammen war), manche Besorgnis verursacht hatte. In der Allee haben die zu beiden Seiten derselben campierenden Truppen viele Bäume umgehauen. Die größte Verwüstung findet man, ehe man zum Gallenberg kommt, wo schon ziemlich starke Bäume standen. Auf der einen Seite fehlen 49 und gegenüber auf der andern 45 Bäume. Es ist ein trauriger Anblick, und diese große Lücke macht, dass die Gegend ganz fremd aussieht. Außer diesen fehlen noch sehr viele einzelne Bäume. Es scheint, dass es dabei hauptsächlich auf die belaubten Äste abgesehen war, welche eine Schutzwehr gegen den nächtlichen Wind abgeben mussten. Dazu waren auch Bäume aus dem nahen Walde, desgleichen Türen und Scheunentore herbei geschleppt worden. Auf den Feldern liegen noch viele Äste, so wie auch Stämme, ebenso Überbleibsel von geschlachtetem Vieh. – In und vor Lobenstein trafen wir mehrere Verwundete aus dem Lazarett, das im Hotel de Reuss vor der Stadt ist. – In Lobenstein sind sie durch die starke Einquartierung, die noch immer fortdauert, und die sich auch öfters nicht zum besten betrug, doch sehr hart mitgenommen worden.

Mittwoch 29 Oct. Heute schrieben wir nach Barby an unsern lieben Sohn, und ich auch an Br. Tietzen, und schickte es an Herrn Kummer nach Leipzig, um es weiter zu befördern, wenn die Post wieder geht. – Wir befinden uns in großer Verlegenheit, dass wir von dorther gar nichts vernehmen, wie es unsern Lieben daselbst und in Gnadau geht, und wir flehen täglich zum lieben Heilande, dass er ihnen gnädig beistehen und durchhelfen wolle. – Die Sauves Gardes in unsrem Orte fangen nachgerade an einzugewohnen, und zum Teil ziemlich munter und mitunter etwas frei zu werden. Einige gehen öfters auf den Saal, machen aber manche Störung. Als einer von ihnen, der bei Br. Menz im Quartier liegt, die Schw. Christensen am Sonntage stricken sah, sagte der zu ihr: In Paris an dimanche[24] nicht travailler[25].

Donnerstag 30 Oct. Mit der Sächsischen Post erhielten wir ein Schreiben vom lieben Schwager Richter aus Herrnhut vom 23 Oct., wodurch wir aufs innigste gerührt wurden, indem wir daraus das herzliche Teilnehmen der lieben Gemeine in Herrnhut, und ihr tägliches, ja nächtliches Flehen und Seufzen zum lieben Heilande für uns ersahen. – Unser Herr Amtmann äußerte sich dieser Tage gegen mich ungefähr auf folgende Weise: Es walte doch eine besondere Obhut Gottes über Ebersdorf; er habe es schon mehrmals bemerkt, dass wenn große Not vorhanden gewesen sei und man kein Durchkommen gesehen habe, ganz unerwartet durchgeholfen worden sei.

Freitag 31 Oct. So wie gestern 500 Mann Nassau-Usingische Truppen, welche in Helmsgrün Rasttag gehalten hatten, durchgezogen waren, so kam heute wieder ein train Munitions-Wagen. – Unsere Haustüren im Orte sind dieser Tage mit Balken zum Vorschieben versehen worden, um das Einschlagen derselben zu erschweren. Hoffentlich wird davon Gebrauch zu machen nicht nötig sein. – Nachmittags um 4 Uhr war das Begräbnis der vor einigen Tagen heimgegangenen ledigen Schw. Sophia Reichling, wobei nicht mit Posaunen geblasen wurde. Mehrere der Sauves Gardes folgten mit auf den Gottesacker. – Diejenigen, die im Dorfe liegen, verlangten dieser Tage einmal mit denen in der kleinen Stadt, wie sie unseren Gemeinort immer nennen, zu tauschen, weil

---

[24] Sonntag
[25] arbeiten

sie die Unreinlichkeit nicht länger aushalten könnten; die unsrigen wollten aber nichts von dem Wechsel hören, sondern in der petite ville[26] bleiben.

In den folgenden Tagen passierte noch immer einige Mannschaft und Munition durch und die umliegenden Orte hatten öfters Einquartierung. Am 3 Nov. kamen die Brüder Burckhardt und Ruf von Meuselwitz zurück, wohin sie vor einigen Tagen unter Begleitung seiner Sauve Garde gereiset waren, um den dort in Verwahrung gelassenen Messkoffer abzuholen. Auf dem Hinwege hatten sie das Unglück, kurz vor Gera im Dunkeln umgeworfen zu werden, wobei Br. Burckhardt am rechten Arm sehr beschädigt wurde, so dass er denselben bei seiner Rückkunft noch wenig bewegen, und lange Zeit nicht gehörig brauchen konnte. – Am 4ten Nov. kam ein Courier – es soll der Offizier gewesen sein, der zuletzt bei Doctors logiert hat, - vom Kaiser Napoleon mit der Ordre, dass das Kommando, welches Zeit her hier gelegen, sich schleunig auf den Weg nach Berlin machen solle. – Nun war wegen Bezahlung unserer Sauves Gardes das nötige zu regulieren, und ich hatte deswegen einige Gänge zum Herrn Hofrat und auch einen zu unserem Fürsten zu tun. Die Einrichtung wurde so getroffen, dass wir unsern Beitrag, der für die 21 Mann, welche wir 3 Wochen lang gehabt hatten, auf 100 rth. festgesetzt wurde, an unsern Herrn zahlten, wie's auch von Seiten des Dorfes geschah. Er wollte in Verhältnis eine größere Summe geben und alles sollte dann zu gleichen Teilen unter die Mannschaft verteilt werden; welches auch so geschehen ist, und dann jeder 4 Laubsthaler erhielt. Die 21 Mann waren folgender gestalt verteilt gewesen: Im Brüderhause 3; im Laden 2; im Schwesternhause 2; für die Familien am Eingange in den Ort 2, die bei Geschw. Kempfs logierten; bei folgenden Geschwistern war 1 Mann: Widemanns, Bäcker Sörensens, Menzens, Lachenals, Andresens, Nitschmanns, Br. Em. Linder, Beyers, Heckels, Schw. Vollrath, im Witwenhause und Gemein-Logis. Das Logieren und die Beköstigung dieser Mannschaft fiel den meisten Geschwistern allerdings sehr schwer, aber in der Not langte alles zu, eine Sauves Garde zu bekommen, und nachher konnte sie nicht abgegeben werden. Aus einem Verzeichnis sämtlicher Namen, welches uns unser Corporal zurückgelassen hat, ist zu ersehen, dass das ganze dètachement[27] aus 44 Mann bestand. – Dem Herrn Kommandanten Bauermann, der dem hiesigen Orte und Lande viel Dienste erwiesen hat,

---

[26] kleine Stadt
[27] militärische Abteilung

dankte ich noch, da ich ihn beim Herrn Hofrat antraf, für den Schutz, der auch unserer Brüdergemeine durch ihn widerfahren sei. Er versicherte, wir würden wenig Truppen mehr durchpassieren sehen, weil die Conscribierten[28] Ordre erhalten hätten, den Weg über Fulda einzuschlagen. – Vier Mann, die krank oder kränklich sind, bleiben hier, und sollen ferner als Sauves Gardes dienen. – Unser Moine hatte noch zu guter Letzt die Wache im Schlosse. Wir machten denn abends mit Doctors zurecht, was wir ihm mitgeben wollten, welches in Brot, Semmeln, kaltem Braten, Wurst und Branntwein bestand. Auch bekam er von mir einige Päckchen Tabak und der Doctor hatte ihm eine Reisepfeife geschenkt, denn er hatte bei uns das Rauchen gelernt. Er kam am 5ten früh und frühstückte noch hier. Ich war auch aufgestanden und brachte ihm noch einige Birnen auf den Weg, die er mit vielem Danke annahm, und mir zum Abschied die Hand reichte. Um 5 Uhr zogen sie dann ab. – Der Courier, welcher sie abgerufen hatte und weiter gegangen war, um den schon im Fränkischen befindlichen, nachkommenden Truppen Ordre wegen der zu nehmenden Marschroute zu bringen, kam in einigen Tagen auf seiner retour wieder hier durch und hielt sich eine Nacht hier im Schlosse auf. In den folgenden Tagen passierte immer noch einiger Durchmarsch und vorzüglich kam noch viel Munition; es nahm jedoch immer mehr ab und passierte ohne Aufenthalt durch. Es tat uns recht wohl, nach so unruhiger Zeit, die sonst gewohnte Stille in unser Friedensörtchen zurückkehren zu sehen, wofür wir dem lieben Heiland von Herzen dankbar waren. – Die 4 Mann, welche hier blieben, haben ihre Station im Schlosse, aber die 3 von ihnen, die bisher in unsrem Gemeinorte logiert hatten, baten sich aus, in ihren bisherigen Quartieren bei Geschw. Menz, Heckels und der Schw. Vollrath ferner schlafen zu dürfen, welches ihnen auch verstattet wurde. Unser Fürst legte aber einen von seinen hiesigen Soldaten zu Geschw. Nürnbergers am obern Eingange des Orts, der auf alle von Lobenstein herein passierenden ein wachsames Auge hat, und alles, was zum Militaire gehört, so weit begleitet, bis er sieht, dass sie ruhig bis zum Schlosse gegangen sind. Wir können überhaupt die weisen Anordnungen unserer guten Landes-herrschaft bei diesen Affairen nicht genug rühmen, und sind aufs neue davon überzeugt worden, wie landesväterlich dieselbe für das Wohl ihrer Untertanen besorgt ist, wofür wir ihnen von Herzen dankbar sind und ihnen tausendfachen Segen von unserm

---

[28] zwangsweise zum Militärdienst Eingezogene

lieben Herrn dafür anwünschen! – In der Folge schrieb der Soldat, welcher bei Geschw. Widemann gelegen hat, aus Berlin an ihn, dass sie es dort bei weitem nicht so gut hätten als in Ebersdorf, wohin sie sich zurücksehnten, und dass sie wegen großen Mangels an Lebensmitteln viel schlechter beköstigt würden; wo möglich wolle er auf der Rückkehr hier wieder besuchen. – An einem dieser Tage ging auch ein Schreiben von unserm lieben Correspondenten in der Unitäts-Ältesten-Conferenz , Br. Geisler, an Br. Risler ein, welches Versicherungen der herzlichsten Teilnahme und Bekümmernis der lieben Brüder der UÄC. um das Ergehen unsrer Gemeine in den Tagen des Durchzugs der französischen Armee enthält, in einer Nachschrift aber, da sie durch meinen Brief vom 26 Oct. an Schwager Richter die erste Nachricht von der uns von unserm lieben Herrn widerfahrenen mächtigen Durchhilfe erhalten hatten, die Dankbarkeit darlegt, in welche die UÄC. mit uns einstimme. – Ach wie oft haben wir davon gesprochen, dass sie und so viele andere teilnehmende Herzen in den Gemeinen gewiss viele Seufzer für uns zum lieben Heilande schicken würden, und uns dankbar gefreut, dass sie so gnädig erhört worden sind. Geschw. Furkels, welche am 12ten Nov. von ihrem Besuch in Herrnhut mit ihrer Tochter zurückkamen, bestätigten uns dieses zu unserer Freude und Beschämung. –

Das heilige Abendmahl war vom 1ten Nov. auf den 13ten verlegt worden, an welchem Tage mit dem Ältestenfeste auch die Feier unsers Gemeinfestes verbunden werden sollte. In der Vorbereitungsrede zum heiligen Abendmahl, am 9ten, bemerkte Br. Risler unter andern, dass solche schwere Erfahrungen, wie wir in der jüngst verflossenen Zeit gemacht haben, auch dazu dienen können, nicht nur in genauere Bekanntschaft mit dem lieben Heilande zu kommen, sondern sich auch untereinander besser kennen zu lernen, welches vielen Geschwistern um so anmerklicher war, als sie es in der Erfahrung als so richtig befunden hatten.

– Der 13te Nov., den wir in stiller Ruhe mit Morgensegen, Liebesmahl und dem heiligen Abendmahl in zwei Abteilungen begehen konnten, war ein wahrer Segenstag für die hiesige Gemeine, an welchem unserm lieben Heilande manche Dank- und Liebeszähre geweint und ihm aufs neue Treue und Gehorsam gelobt wurde.

Da habt Ihr, lieben Geschwister, nun eine ausführliche, ja beinahe zu weitläufige Nachricht von unserm Ergehen. Die Angst, der Schrecken und die Furcht aber, die man auszustehen hatte, wovon jedoch eins mehr, das andere weniger betroffen wurde, zu beschreiben, bin ich bei aller Weitläufigkeit nicht im Stande, sie übertraf noch den erlittenen Verlust, der freilich für einige beinahe nicht zu verwinden ist. – Nach einer ohngefähren Zusammenrechnung, was ins Ganze diese Ereignisse der hiesigen Gemeine für Verlust und Unkosten zugezogen haben, beläuft sich solches auf eine Summe von 6 bis 7 Tausend Thalern. – Doch bleibt am Ende nichts übrig, als zu Loben und zu Danken für die erfahrene Durchhilfe und Bewahrung unsers lieben Herrn, dass wir an Leib und Leben unbeschädigt sind und unsre Wohnungen behalten haben. Wie viel hat der liebe Heiland, zum Teil schon vor langer Zeit, zu unserm Besten verfügt, woran wir in den Tagen der Angst gar nicht dachten, wie vieles wussten wir damals nicht, und wie viel mag uns ganz unbekannt bleiben. Hätte z.B. der vorige Lobensteiner Fürst noch gelebt, der ein großer Verehrer von Bonaparte und sehr bekannt mit ihm war, so würde der Kaiser wahrscheinlich sein Hauptquartier dort und nicht bei unserer Herrschaft genommen haben; und diese also nicht im Stande gewesen sein, zu unserm Besten so viel auszuwirken; dahingegen der Besuch, den unser Fürst vor einigen Jahren beim Französischen Kaiser in Mainz abstattete, und bei welchem er von demselben vor andren mit vieler Auszeichnung behandelt wurde, wohl die Ursach war, dass er Ebersdorf, wie er selbst sagte, schon in Paris ausersehen hatte. – Auch die Fügung, dass unsre gnädige Herrschaft sich hier befand, war zu unserm Besten gemeint, denn darauf kam alles an. – Dass kein Mondschein war, sondern die Nächte dunkel, dabei aber still und nicht allzu kalt waren, hat gewiss, so wie überhaupt das schöne Wetter und die trocknen Wege zur Abwendung mancher Not gedient. – Hätten die Preußen und Sachsen Saalburg stärker besetzt und sich eine Zeit lang da gehalten, so würden wir in das größte Elend versetzt worden sein, weil sich alsdann die ganze Armee hier hätte concentrieren müssen, statt dass sie jetzt unaufhaltsam bis Schleitz und weiter vordrang. Das Bataillon Sachsen, das in Saalburg, und die 4000 Preußen, welche über der Stadt auf der Anhöhe nach Kulm zu mit mehreren Kanonen standen, mochten wohl die Absicht haben, den etwa auf dieser Straße eindringenden französischen Truppen, die man wahrscheinlich nicht stark vermutete, einigen Widerstand zu leisten und ihnen den Übergang über die Saale zu verwehren; allein da sie in so übergroßer Anzahl anrückten, und ein Teil derselben die Saale bei der Klostermühle, eine ½ Stunde unterhalb Saalburg, passierte, so zogen sich die Sachsen und Preußen, nachdem von beiden Seiten mehrere Kanonenschüsse waren getan worden, eiligst nach Schleitz, um nicht abgeschnitten und gefangen zu werden. – Der 10te Oct. war auch ein Tag, an dem Gefahren über unserm Haupte schwebten, die wir damals nicht ahnten, die aber unser treuer Gott und Herr, von uns in die Ferne weggewandelt hat. Es hatten zwar mehrere bemerkt, dass nachmittags eine besondere Bewegung unter den Truppen herrschte und sich die Kavallerie vom Pohlig an über Bellevue hin etc. stellte; hinterher aber hat man erst erfahren, dass sie einige Zeit in förmlicher Schlachtordnung standen, und Nachricht von dem Erfolg des Gefechts bei Saalfeld erwarteten, weil es nach dem Schall des Kanonen-Donners, den man sehr deutlich hörte, einmal wiewohl nur durch Täuschung so schien, als ob sich derselbe nähere. Hätten damals die Franzosen weichen müssen, so würde es wahrscheinlich in unserer Gegend zu einer Schlacht gekommen sein; wovor uns der liebe Heiland aus Gnaden bewahrt hat. – Auch das gibt uns eine besondere Materie zum Loben, dass Er uns alle bei so guter Gesundheit erhielt, und auch keine beträchtlichen Krankheiten auf die Zeit des Schreckens, der Not und der Unordnung folgten; so wie auch ganz besonders wir dem lieben Heilande dafür dankbar sind, dass er uns, und vorzüglich meine liebe Frau, die sonst so schwächlich ist, in dieser Zeit so augenscheinlich gestärkt und unterstützt hat, dass es uns selbst zum Wunder war. Danket und lobet mit uns den Herrn, der in so vielfacher Not über uns seine Flügel gebreitet!

So wie sich die Not von uns entfernte, so dachten wir mit aus unserer eignen Erfahrung verstärkten Teilnahmen der Gemeinen, denen sie sich dann näherte, hauptsächlich Gnadau und Barby, Berlin und Nixdorf. Von erster Gemeine ersahen wir zuerst aus einem Briefe von Br. Grunwald daselbst an Br. Kempf am 27 Oct. mit herzlicher Betrübnis, dass diese arme Gemeine, so wie auch das Vorwerk Döben um die Mitte des Oktobers, gleich uns, harte Drangsale von Seiten der durchziehenden französischen Truppen erlitten, und dass Raub und Plünderung dem dortigen Brüderhause, wie den meisten übrigen Häusern, besonders aber dem Vorwerk Döben ungemeinen Nachteil gebracht haben. – Von Barby bekamen wir später direkt und über Herrnhut, die Nachricht, dass auch sie, ohngeachtet mancher gemachten schweren Erfahrungen, doch für die mächtige Durchhilfe des Heilands zu danken und zu loben Ursach finden. Wir stimmen mit ihnen ein und preisen Ihn, dass Er auch an Gnadau und Barby so viel Barmherzigkeit erzeiget hat. Von Berlin und Nixdorf haben wir noch nichts bestimmtes erfahren. Er nehme sich dieser, so wie auch besonders der Schlesischen Gemeinen, welche sich jetzt wohl am meisten in Not befinden werden, nach Seiner Barmherzigkeit in Gnaden an. Da Sachsen Frieden mit Frankreich hat, so hoffen wir mit Zuversicht, dass die Oberlausitzischen Gemeinen vorjetzt nicht werden beunruhigt werden.

Wir verbleiben in herzlicher Liebe
Eure treu verbundenen Geschwister Andresens.

Geendigt in der Mitte Nov. 1806.

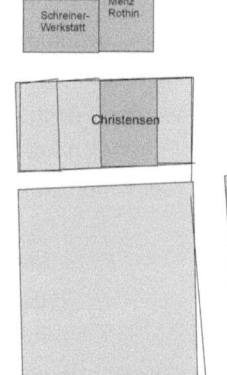
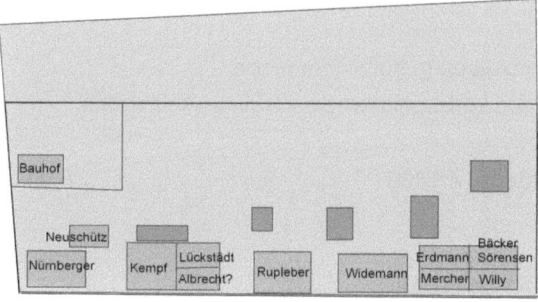
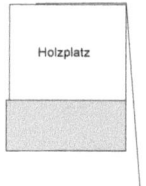

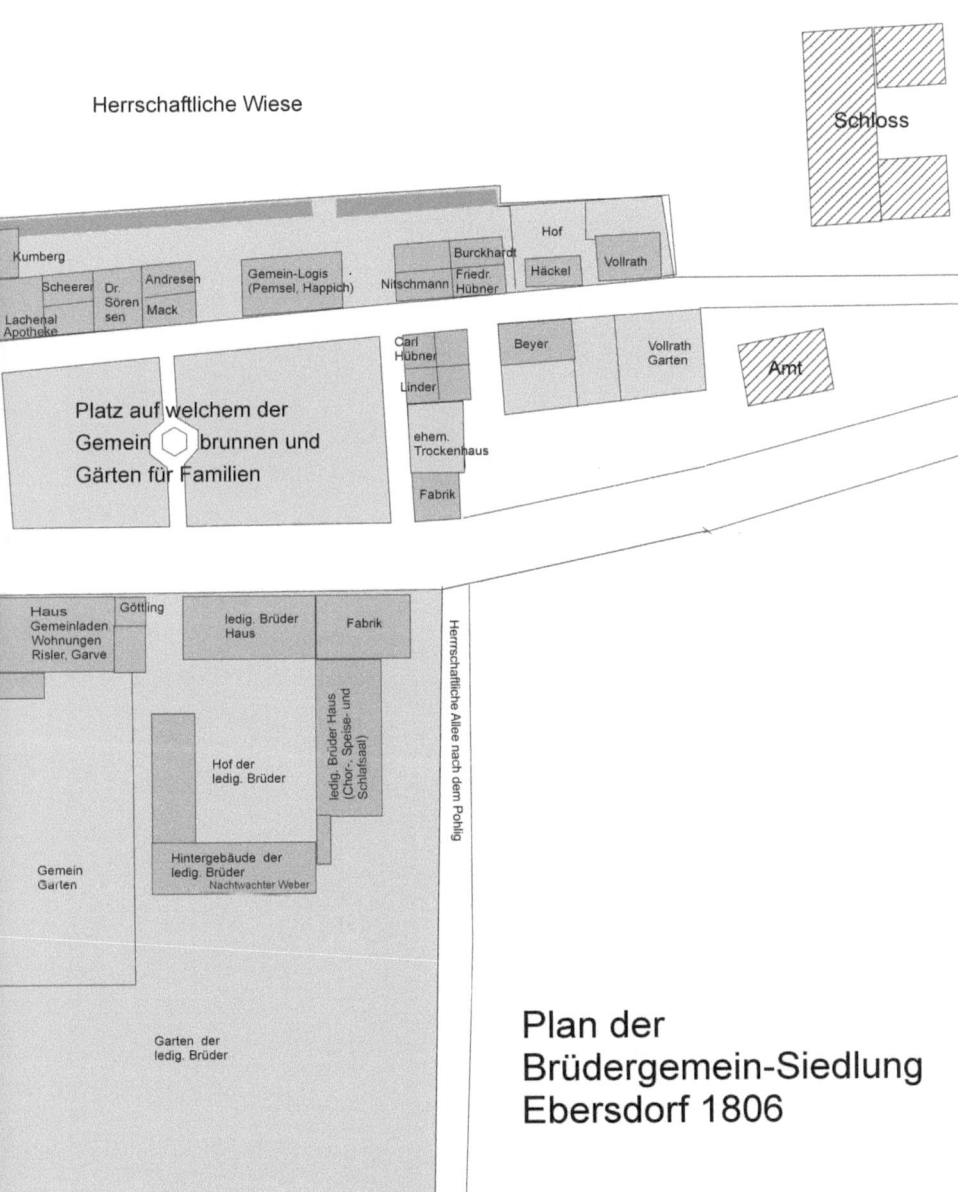

Herrschaftliche Wiese

Schloss

Kumberg

Scheerer

Dr. Sörensen

Lachenal Apotheke

Andresen

Mack

Gemein-Logis (Pemsel, Happich)

Nitschmann

Burckhardt

Friedr. Hübner

Häckel

Hof

Vollrath

Carl Hübner

Linder

ehem. Trockenhaus

Fabrik

Beyer

Vollrath Garten

Amt

Platz auf welchem der Gemein ◯ brunnen und Gärten für Familien

Haus Gemeinladen Wohnungen Risler, Garve

Göttling

ledig. Brüder Haus

Fabrik

ledig. Brüder Haus (Chor-, Speise- und Schlafsaal)

Herrschaftliche Allee nach dem Pohlig

Hof der ledig. Brüder

Gemein Garten

Hintergebäude der ledig. Brüder
Nachtwächter Weber

Garten der ledig. Brüder

Plan der
Brüdergemein-Siedlung
Ebersdorf 1806